海西求是文库

中国证券基金的
投资潮涌研究

杜威望 / 著

R ESEARCH ON INVESTMENT TIDE OF
CHINA'S SECURITIES FUNDS

社会科学文献出版社
SOCIAL SCIENCES ACADEMIC PRESS (CHINA)

总　序

　　党校和行政学院是一个可以接地气、望星空的舞台。在这个舞台上的学人，坚守和弘扬理论联系实际的求是学风。他们既要敏锐地感知脚下这块土地发出的回响和社会跳动的脉搏，又要懂得用理论的望远镜高瞻远瞩、运筹帷幄。他们潜心钻研理论，但书斋里装的是丰富鲜活的社会现实；他们着眼于实际，但言说中彰显的是理论逻辑的魅力；他们既"力求让思想成为现实"，又"力求让现实趋向思想"。

　　求是，既是学风、文风，也包含着责任和使命。他们追求理论与现实的联系，不是用理论为现实作注，而是为了丰富观察现实的角度、加深理解现实的深度、提升把握现实的高度，最终让解释世界的理论转变为推动现实进步的物质力量，以理论的方式参与历史的创造。

　　中共福建省委党校、福建行政学院地处台湾海峡西岸。这里的学人的学术追求和理论探索除了延续着秉承多年的求是学风，还寄托着一份更深的海峡情怀。多年来，他们殚精竭虑所取得的学术业绩，既体现了马克思主义及其中国化成果实事求是、与时俱进的理论品格，又体现了海峡西岸这一地域特色和独特视角。为了鼓励中共福建省委党校、福建行政学院的广大学人继续传承和弘扬求是学风，扶持精品力作，经校院委研究，决定编辑出版《海西求是文库》，以泽被科研先进，沾溉学术翘楚。

　　秉持"求是"精神，本文库坚持以学术为衡准，以创新为灵魂，要求入选著作能够发现新问题、运用新方法、使用新资料、提出新观点、进行新描述、形成新对策、构建新理论，并体现党校、行政学院学人坚持和发展中国特色社会主义的学术使命。

　　中国特色社会主义既无现成的书本作指导，也无现成的模式可遵循。

思想与实际结合，实践与理论互动，是继续开创中国特色社会主义新局面的必然选择。党校和行政学院是实践经验与理论规律的交换站、转换器。希望本文库的设立，能展示出中共福建省委党校和福建行政学院广大学人弘扬求是精神所取得的理论创新成果、决策咨询成果、课堂教学成果，以期成为党委政府的智库，又成为学术文化的武库。

马克思说："理论在一个国家实现的程度，总是取决于理论满足这个国家的需要的程度。"中共福建省委党校和福建行政学院的广大学人应树立"为天地立心、为生民立命、为往圣继绝学，为万世开太平"的人生境界和崇高使命，以学术为志业，以创新为己任，直面当代中国社会发展进步中所遇到的前所未有的现实问题、理论难题，直面福建实现科学发展跨越发展的种种现实课题，让现实因理论的指引而变得更美丽，让理论因观照现实而变得更美好，让生命因学术的魅力而变得更精彩。

中共福建省委党校　福建行政学院

《海西求是文库》编委会

目 录
Contents

第一章　导论 / 001

第一节　研究背景和意义 / 001

第二节　概念界定 / 017

第三节　研究思路、内容和方法 / 019

第四节　创新之处 / 023

第二章　文献综述 / 025

第一节　以证券基金为代表的机构投资者投资行为研究 / 025

第二节　以证券基金为代表的机构投资者投资行为对股市稳定性的
影响研究 / 031

第三节　股价波动对市场各参与主体的影响效应研究 / 037

第四节　促进股市稳定健康发展的相关研究 / 038

第五节　潮涌现象和物理共振相关研究 / 041

第六节　文献评述 / 043

第三章　基金投资潮涌的机理分析和实证检验 / 049

第一节　理论基础 / 049

第二节　基金投资潮涌机理分析和定义 / 052

第三节 基金投资潮涌的机理验证 / 063

第四章 基金投资潮涌的危害性分析与实证研究 / 087

第一节 基金投资潮涌对股票市场的负面影响与实证研究 / 087

第二节 基金投资潮涌对上市企业投资水平的抑制效应
与实证研究 / 092

第三节 基金投资潮涌对个人投资者福利水平的
冲击效应与实证研究 / 106

第五章 基金投资潮涌的预测模型研究 / 117

第一节 基金投资潮涌的预测模型构建 / 118

第二节 预测因子选取 / 124

第三节 样本及预测因子描述性统计分析 / 126

第四节 模型预测效果分析 / 128

第六章 基金投资潮涌的影响因素研究和防控对策建议 / 135

第一节 理论分析与研究假设 / 135

第二节 基于 Logit 模型的实证研究 / 140

第三节 对策建议 / 144

结 语 / 151

参考文献 / 156

附录 中华人民共和国证券投资基金法 / 172

第一章

导论

第一节　研究背景和意义

一　基金业概述

1. 公募基金业的发展

我国公开募集证券投资基金（以下简称"公募基金"）起步于1998年。与其他金融行业相比，公募基金自开始即吸收成熟市场行之有效的大量制度经验，并持续改进，为行业长治久安奠定了法治基础。1997年11月，国务院证券委员会颁布《证券投资基金管理暂行办法》，确立了集合投资、受托管理、独立托管和利益共享、风险共担等基金基本原则。1998年，经中国证监会批准，南方基金管理有限公司和国泰基金管理有限公司成立，并分别发起设立两只封闭式基金——基金开元和基金金泰，拉开了我国证券投资基金发展的序幕。1998年和1999年，分别有5家基金管理公司设立，俗称"老十家"。2000年10月，中国证监会发布并实施《开放式证券投资基金试点办法》。2001年9月，我国第一只开放式公募基金——华安创新诞生，揭开了公募基金发展的新篇章。2002年，首家中外合资基金管理公司成立。2003年6月，《证券投资基金法》颁布，系统地规范了基金当事人的权利和义务，尤其是受托人的信义义务，为行业规范运作奠定了坚实的基础。中国证监会陆续颁布《证券投资基金管理公司管理办法》等六个部门规章。"一法六规"为公募基金和基金管理公司规范运作奠定了制度基础。2005 年，基金管理公司外资持股比例上限提高至49%，一大批中外合资基金管理公司成立或获得外资增股。2007 年，行业规模超过万亿元。2012 年，中国证券投资基金业协会成立。2013 年 6 月，《证券投资基金法》完成重大修订并正式实施。修订后的《证券投资基金法》全面落实信义义务要求，进一步优化行政监管，强化行业自律，全面加强基金持有人权益保护（中国证券投资基金业协会，2020）。

在不断完善的法治环境下，基金业市场化、国际化不断推进，并相互促进。公募基金市场交易机制透明、风险收益归属清晰、业绩竞争较为充分，在资产管理领域率先建立了最先进、最完善的制度体系，确立了基金财产独立制度、强制托管制度、风险自担的产品设计和销售规范、每日估值制度、信息披露制度、公平交易制度以及严格的监管执法，是信托关系落实最为充分的资产管理行业。20 余年间未发生系统性金融风险，公募基金行业成为财富管理行业的标杆，公募基金成为大众理财的理想工具（中国证券投资基金业协会，2020）。

截至 2019 年末，中国证监会公示的公募基金管理人有 143 家。其中，基金管理公司 128 家，取得公募基金管理资格的证券公司或证券公司资管子公司共 13 家，取得公募基金管理资格的保险资管公司 2 家（中国证券投资基金业协会，2020）。

截至 2019 年末，公募基金共计 6544 只，较 2018 年末增长 16.32%；公募基金资产净值为 14.77 万亿元，较 2018 年末增长 13.29%。公募基金资产净值在经历 2010 年、2011 年连续两年下降后，2013 年开始以年均26.93%的速度快速增长，至 2019 年末已突破 14 万亿元，公募基金数量与规模的变化趋势如图 1.1 所示。中国经济同期年均增速 9.68%，公募基金为日益增长的居民财富提供了保值增值的投资渠道。同时，良好的流动性使公募基金成为企业资产配置的重要选择。自可追溯资金流动性数据的2011 年以来，投资者对公募基金的投资依赖性总体趋强，持续 9 年资金净流入，平均每年净流入金额接近万亿元（中国证券投资基金业协会，2020）。

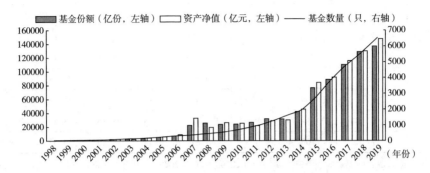

图 1.1　1998~2019 年公募基金数量与规模

资料来源：中国证券投资基金业协会（2020）。

2. 公募基金在国民经济中的地位

（1）宏观经济、金融和资本市场的重要组成部分

公募基金是宏观经济、金融和资本市场的重要组成部分。公募基金资产规模从 2014 年的 4.54 万亿元增长到 2019 年的 14.77 万亿元，相当于 2019 年 GDP 总量的 14.91%，年末社会融资规模存量的 5.87%，当年 M2 总量的 7.44%，年末金融机构存款余额的 7.45%，年末 A 股市场流通市值的 30.63%，年末债券市场余额的 14.92%（见表 1.1）。

表 1.1　2014~2019 年公募基金在宏观经济、金融和资本市场中的规模占比

单位：万亿元，%

年份	项目	公募基金	宏观经济		货币金融		资本市场	
			GDP	社会融资规模存量	M2	金融机构存款余额	A 股市场流通市值	债券余额
2014	资产	4.54	63.64	122.86	122.84	117.37	31.39	29.41
	占比	100.00	7.13	3.70	3.70	3.87	14.46	15.44
2015	资产	8.10	67.67	138.14	139.23	139.78	41.57	48.78
	占比	100.00	12.41	5.86	6.01	6.01	19.49	17.22
2016	资产	9.06	74.41	155.99	155.01	155.52	39.15	63.80
	占比	100.00	12.18	5.81	5.84	5.83	23.14	14.20
2017	资产	11.60	82.71	174.60	167.68	169.27	44.75	74.00
	占比	100.00	14.02	6.64	6.92	6.58	25.92	15.68

续表

年份	项目	公募基金	宏观经济		货币金融		资本市场	
			GDP	社会融资规模存量	M2	金融机构存款余额	A股市场流通市值	债券余额
2018	资产	13.03	90.03	200.75	182.67	178.12	35.24	85.98
	占比	100.00	14.47	6.49	7.13	7.32	36.98	15.15
2019	资产	14.77	99.09	251.41	198.65	198.16	48.22	99.00
	占比	100.00	14.91	5.87	7.44	7.45	30.63	14.92

数据来源：中国证券投资基金业协会（2016，2018，2020）；中国人民银行官网；国家统计局官网。

（2）个人投资者的重要投资对象

截至 2019 年末，公募基金有效账户（指截至统计时点持有基金份额的账户）数[①]为 7.93 亿户，接近 8 亿户（见图 1.2）。其中仅 25.22 万户为机构账户，大部分为个人账户，近 10 年来一直保持这一结构特点。从持有基金资产情况来看，机构投资者持有公募基金的比例越来越高，从 2012 年末的 29% 增至 2019 年末的 51%。从账户平均持有基金规模来看，个人账户平均持有基金规模持续下降，从 2012 年末的 2.56 万元降至 2019 年末的 0.84 万元；与此同时，机构账户平均持有基金规模从 2012 年末的 1407 万元升至 2019 年末的 2728 万元（中国证券投资基金业协会，2020）。

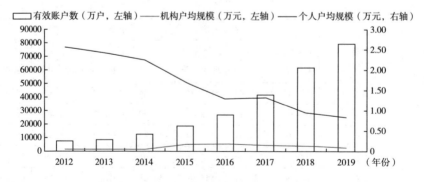

图 1.2　2012～2019 年公募基金有效账户情况

资料来源：中国证券投资基金业协会（2020）。

---

①　公募基金有效账户数为场外账户数，不包括场内账户数。

截至 2019 年末，公募基金中来源于个人投资者的资金占比为 48.31%，来源于养老金（基本养老、企业年金和社保基金）的资金占比为 0.78%，来源于境外的资金占比为 0.27%，来源于其他各类机构投资者的资金占比为 50.64%。机构投资者（除养老金外）中，来源于银行的资金（含自有资金及其发行的资管产品）最多，占整个公募基金资金的 30.55%。其次为保险资金（含自有资金及其发行的资管产品），占整个公募基金资金的 6.31%。机构投资者中的资金来源主要为机构发行的资管产品，其中大部分仍是个人投资者资金的集合（见图 1.3）。因此，总体来看，公募基金还是主要服务于个人投资者。对于个人投资者而言，基金可以实现高效率的分散化投资，降低个人投资者因为信息不足和非理性投资而导致的资源浪费，有效实现社会分工。由此可见，基金已经成为个人投资者低成本参与资本市场、分享经济增长成果的理想途径（中国证券投资基金业协会，2020）。

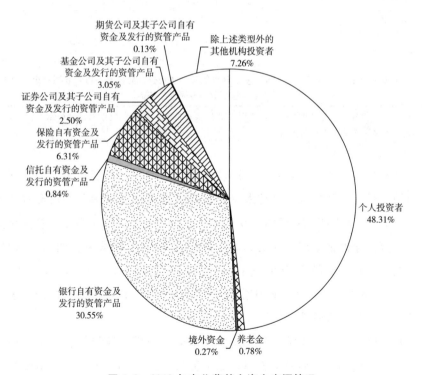

图 1.3 2019 年末公募基金资金来源情况

资料来源：中国证券投资基金业协会（2020）。

3. 各类型基金及其发展

根据《证券投资基金法》的规定，基金的运作方式可以采用封闭式、开放式或者其他方式。采用封闭式方式运作的基金（以下简称"封闭式基金"），是指基金份额总额在基金合同期限内固定不变，基金份额持有人不得申请赎回的基金；采用开放式方式运作的基金（以下简称"开放式基金"），是指基金份额总额不固定，基金份额可以在基金合同约定的时间和场所申购或者赎回的基金。同时《公开募集证券投资基金运作管理办法》对基金的类别做了详细的规定，如表 1.2 所示。

表 1.2　基金的类别

类别	定义
股票基金（股票型基金）	80%以上的基金资产投资于股票的基金
债券基金（债券型基金）	80%以上的基金资产投资于债券的基金
货币市场基金（货币型基金）	基金资产仅投资于货币市场工具的基金
基金中基金	80%以上的基金资产投资于其他基金份额的基金
混合基金（混合型基金）	投资于股票、债券、货币市场工具或其他基金份额，并且股票投资、债券投资、基金投资的比例不符合股票基金、债券基金、基金中基金规定的基金

注：基金中基金主要是将基金资产投资于其他基金份额，投资对象主要是其他基金，不是本书的研究对象，下文不再进行探讨。

随着公募基金投资者对资金流动性需求的增强，传统封闭式基金逐步退出历史舞台，开放式基金越来越受到投资者青睐（中国证券投资基金业协会，2020）。由图 1.4 至图 1.6 可知，封闭式基金的基金数量、基金份额和基金资产净值都呈现下降的趋势。截至 2019 年封闭式基金的基金数量、基金份额和基金资产净值的占比已经下降到 13.16%、11.11% 以及 10.85%。与之对应，开放式基金的基金数量、基金份额和基金资产净值的占比则总体呈上升趋势。

从 2008 年到 2019 年，开放式公募基金总规模总体呈增长态势，内部结构也在不断调整。如表 1.3 和表 1.4 所示，在这 10 多年中，权益型基金（股票基金与混合基金）与货币基金资产净值在总计中的占比此消彼长。权益型基金的资产净值从 2008 年的 12436 亿元增加到 2019 年的 31886 亿元，但占比从 2008 年的 64.1% 降至最低点 2018 年的 16.8%，2019 年

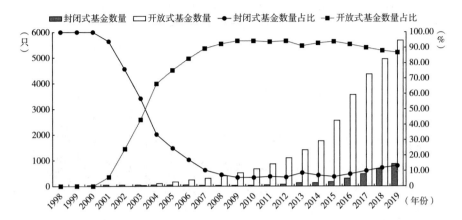

图 1.4 1998～2019 年封闭式基金和开放式基金数量及其占比变化趋势

资料来源：中国证券投资基金业协会（2020）。

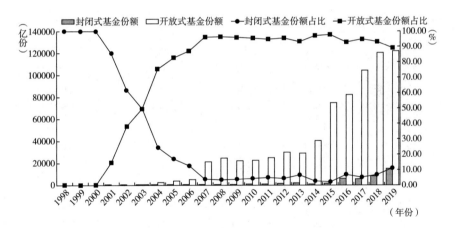

图 1.5 1998～2019 年封闭式基金和开放式基金份额及其占比变化趋势

资料来源：中国证券投资基金业协会（2020）。

权益型基金的占比略有回升，达到 21.6%。而货币基金占比从 2008 年的 20.1% 增至 2019 年的 48.2%，资产净值从 2008 年的 3892 亿元，上升到 2019 年的 71171 亿元，整整上涨了 17 倍。债券基金占比波动上升，从 2008 年的 9.7% 增至 2019 年的 18.7%（中国证券投资基金业协会，2020）。

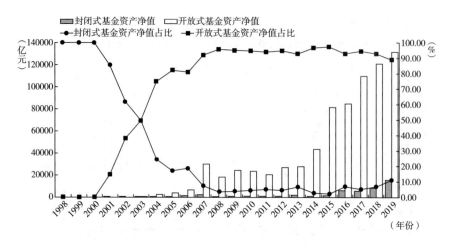

图 1.6　1998~2019 年封闭式基金和开放式基金资产净值及其占比变化趋势

资料来源：中国证券投资基金业协会（2020）。

表 1.3　2008~2019 年各类开放式公募基金资产净值

单位：亿元

年份	股票基金	混合基金	货币基金	债券基金
2008	7243	5193	3892	1880
2009	13703	7478	2581	839
2010	13215	7301	1533	1450
2011	10248	5707	2949	1204
2012	11477	5647	5717	3777
2013	10958	5627	7476	3225
2014	13142	6025	20862	3473
2015	7657	22287	44443	6974
2016	7059	20090	42841	14239
2017	7602	19378	67357	14647
2018	8245	13604	76178	22629
2019	12993	18893	71171	27661

资料来源：中国证券投资基金业协会（2020）。

表 1.4　2008~2019 年各类开放式公募基金资产净值占比

单位:%

年份	权益型基金占比	货币基金占比	债券基金占比	QDII 基金占比
2008	64.1	20.1	9.7	2.7
2009	81.4	9.9	3.2	2.9

续表

年份	权益型基金占比	货币基金占比	债券基金占比	QDII 基金占比
2010	81.9	6.1	5.8	2.9
2011	72.8	13.5	5.5	2.6
2012	59.7	19.9	13.2	2.2
2013	55.2	24.9	10.7	1.9
2014	42.3	46.0	7.7	1.1
2015	35.7	52.9	8.3	0.8
2016	29.6	46.8	15.5	1.1
2017	23.3	58.1	12.6	0.8
2018	16.8	58.4	17.4	0.5
2019	21.6	48.2	18.7	0.6

资料来源：中国证券投资基金业协会（2020）。

　　从股票基金的历史发展来看，2015 年以前，60%以上资产投资于股票的基金即为股票基金。2014 年，《公开募集证券投资基金运作管理办法》实施后，股票基金需要 80%以上的资产投资于股票，并设置了 1 年的过渡期。2015 年，正常运作的 300 多只股票基金陆续更名为混合基金。受此影响，2015 年末的股票基金，无论是数量还是资产规模均有大幅度的下滑，这事实上是由统计口径的变化导致的。近 5 年来，股票基金的资产配置相对比较稳定，持有的股票市值占总资产的比重保持在 84%上下，基金投资（ETF 联接基金）保持在 10%左右，银行存款占比在 5%左右（见图 1.7）。

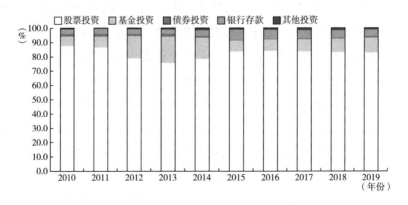

图 1.7　2010～2019 年股票基金的资产配置
资料来源：中国证券投资基金业协会（2020）。

2015~2018 年，股票基金持有的股票市值保持在 6000 亿元上下。如图 1.8 所示，2018 年，尽管股市大幅下跌，但由于股票 ETF 基金规模的大幅增长，股票基金持有的股票市值逆市上涨到 6618 亿元。2019 年，在资金净流入和股市大涨的背景下，股票基金持有的股票市值增长了 52%，突破 10000 亿元（中国证券投资基金业协会，2020）。

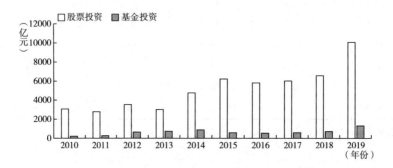

图 1.8　2010~2019 年股票基金持有的股票市值和基金市值
资料来源：中国证券投资基金业协会（2020）。

截至 2019 年末，股票基金中个人持有资产占比为 50.57%，机构持有资产占比为 49.43%，大致相当。2010 年以来的历史数据显示，个人持有股票基金占比总体趋于下降趋势，2015 年短暂回升至 61% 之后，继续波动下行，而机构持有比例的走势正好相反。从持有的股票基金资产来看，个人投资者在股市行情较好的 2015 年、2017 年和 2019 年，持有的基金资产增加，在股市行情下跌的 2016 年和 2018 年，持有的基金资产减少。而机构投资者持有的基金资产与市场行情的相关性不高，甚至在股市行情下跌的 2016 年和 2018 年，持有的基金资产反而逆市增加。2019 年个人和机构持有的股票基金资产均大幅增加，达到近 10 年来的新高（见图 1.9）。

2019 年，混合基金在基金份额没有大幅增加的情况下，规模出现一定程度的提升，扭转了 2018 年份额、规模双下降的趋势。混合基金资产净值的增幅显著高于基金份额和基金数量的增幅，主要是存量资产的投资增值所致。2019 年末，混合基金持有的权益投资市值为 14549 亿元，占总资产的比重为 69.7%，固定收益投资市值为 3910 亿元，占总资产的比重为 18.7%，银行存款为 1587 亿元，占总资产的比重为 7.6%，其他资产为

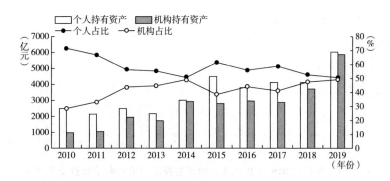

图 1.9　2010~2019 年股票基金的持有人结构

资料来源：中国证券投资基金业协会（2020）。

841 亿元，占总资产的比重为 4.0%。与上年度相比，2019 年混合基金的权益投资占比大幅上升 15.7 个百分点，固定收益投资占比大幅下降，达 9.2 个百分点（见图 1.10）。

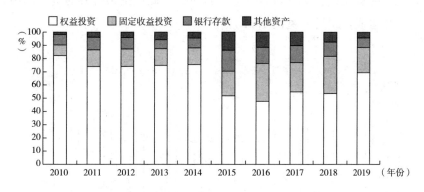

图 1.10　2010~2019 年混合基金的资产配置

资料来源：中国证券投资基金业协会（2020）。

2019 年末，混合基金持有的权益投资市值较上年度增加 6105 亿元，增幅达 72%。混合基金持有的权益投资市值由 2010 年的 14382 亿元大幅下降至 2011 年的 10052 亿元，持续多年保持在万亿元左右，2018 年降至 8444 亿元，为近 10 年来最低，2019 年大幅上涨，回升至 2010 年的水平（见图 1.11）。

混合基金整体上以个人持有为主。2019 年末，混合基金中个人持有资

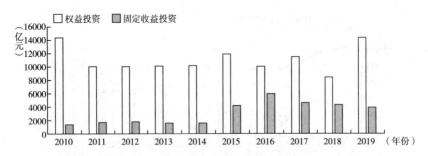

图 1.11　2010~2019 年混合基金的权益投资市值和固定收益投资市值
资料来源：中国证券投资基金业协会（2020）。

产占比为 74%，机构持有资产占比为 26%。近 10 年的数据显示，个人投资者持有的混合基金资产一直比较平稳，在 1 万亿元至 1.5 万亿元之间波动，投资比例的变化主要是由机构持有资产的大幅变动导致的。机构投资者持有的混合基金资产在 2015 年井喷，从常年的 2000 亿元左右，突破 1 万亿元，持有比重也从不到 20% 上升到 46%，此后机构持有的资产不断减少，占比也同步下滑（见图 1.12）。

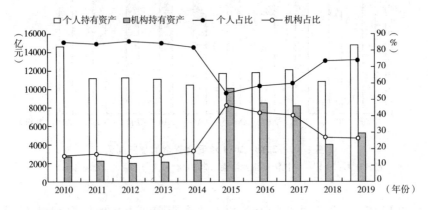

图 1.12　2010~2019 年混合基金的持有人结构
资料来源：中国证券投资基金业协会（2020）。

从债券基金的发展历史来看，随着我国债券市场的不断发展，近几年债券基金规模也持续增长。尤其是近些年机构投资者对债券基金的认可度增加，银行、保险等机构增加了对固定收益类产品的配置，导致债券基金受到追捧。自 2016 年以来，债券基金规模显著增加，2019 年规模仍保持快增速。2019 年末，债券基金固定收益投资为 38378 亿元，占总资产的 90.4%；银行存款为 1640 亿元，占总资产的 3.7%；权益类投资为 348 亿元，占总资产的 0.4%；其他资产为 2258 亿元，占总资产的 5.1%（见图 1.13）。

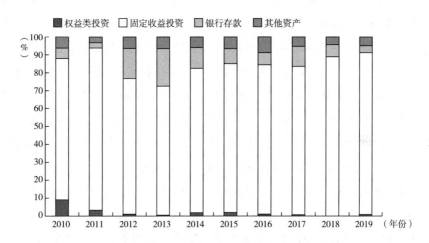

图 1.13 2010～2019 年债券基金的资产配置

资料来源：中国证券投资基金业协会（2020）。

2019 年末，债券基金中机构持有资产占比为 90%，个人持有资产占比为 10%。近 5 年来，机构持有的债券基金资产从 2000 亿元出头快速攀升至 30000 亿元以上，持有比例逐渐占据绝对优势。2018 年和 2019 年，个人持有的债券基金资产也有所增加（见图 1.14）。

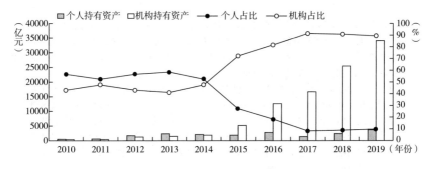

图 1.14 2010～2019 年债券基金的持有人结构

资料来源：中国证券投资基金业协会（2020）。

二　研究背景

　　长期以来，个股股价剧烈波动已成为困扰我国股票市场的"顽疾"。现有研究普遍表明以基金为代表的机构投资者不仅没有起到稳定市场的作用（Sias et al.，2006；张宗新、王海亮，2013），反而成为股市暴涨暴跌的助推器（陈国进等，2010），特别地，在基金的参与下股市中时常"妖股"横行，个股股价频频出现大起大落、暴涨暴跌的异象。学者们一般将基金参与下的股市和个股股价波动归结于基金投资的羊群行为（Dasgupta et al.，2011；陶可、陈国进，2012a；Poon et al.，2013）以及反馈交易策略（谢赤等，2008；刘奕均、胡奕明，2010；Hsieh，2013），即基金经理存在的互相模仿、集体追涨杀跌等非理性行为，使基金成为证券市场的一大不稳定因素。然而，一方面，随着相关研究的深入，无论是国内还是国外均有研究表明基金经理可以提前获取信息（罗荣华等，2011；Sornette，2014），并且该信息可以带来显著的超额收益（申宇等，2013）。首先，相较于个人投资者，基金经理具有收集、整理和加工信息的优势以及资金优势，其可以准确迅速地获取投资信息①。其次，从基金公司层面来说，基金公司通过购买或者游说可以提前获取政治信息和相关情报②（Gao and Huang，2016）。另一方面，在实际投资中经常能够发现基金经理不约而同地调研同一只股票③（唐芳，2013）并且扎堆持股潜伏在同

---

①　从基金经理个人层面来说，他们相比于个人投资者具有收集、整理和加工信息的优势以及资金优势，可以准确迅速地获取政策性（产业政策）事件、突发事件、投资热点、企业出台的相关公告等公开或半公开的投资信息（如业绩大幅提高、签订重大项目合同、资产重组、大比例送转等重大的信息）（蔡庆丰等，2011）。

②　基金经理往往是在购买证券分析师研究报告的基础上进行信息再处理，形成投资决策后进行市场交易（蔡庆丰等，2011）。美国的对冲基金可以与政府游说者交易以提前获得正在进行或者即将来到的政府行为的信息。因为许多游说者本身就是前立法委员，他们经常与立法者进行交流，可以提前获得政治信息和相关情报（Gao and Huang，2016）。类似地，我国的很多基金公司也会聘请离任政府官员来当首席经济学家，很大程度上也是看中其与政府的紧密联系，以及其预测能力。

③　《机构看好哪些股？二季度这些公司被基金扎堆调研（附名单）》，东方财富网，2018年5月6日，http://fund.eastmoney.com/news/1590，20180504867335313.html。

一只股票中的现象①。以上的分析表明，在某些投资决策中，基金经理基于特定信息优势进行选择性交易，而不仅是简单的羊群行为或者是采用反馈交易策略。② 基金经理会将投资更多地分配到所挖掘出来的股票上，或者提前抛出所持有的股票③，从而导致在一段时间内大量基金的资金涌入或者涌出同一只股票，使个股股价出现暴涨暴跌的现象。

三 研究意义

基于以上的分析，本书认为基金参与下个股股价的暴涨暴跌是一种在基金经理个体有限理性下导致基金经理整体非理性的"基金投资潮涌"引起的暴涨暴跌，即基金经理基于提前获取信息的优势，在获取投资信息后由于行为偏差会形成个人对某只股票的主观投资信念（买入或卖出），进而形成基金经理整体对该只股票的价值认同感。如果众多基金经理的主观投资信念趋于一致，那么将形成很强的价值认同感，此时若该价值认同感与个股股价本身的客观波动的趋同值超过某一值，那么将导致一个时间段内在隐藏交易下许多基金的资金像波浪一样，一波接一波地涌入（涌出）某只股票，由于这些交易的叠加股价被不断推高（拉低），即基金经理整体的价值认同感对个股股价不断施加影响，最终会导致股价的非理性暴涨（暴跌）。如果该论断是正确的，那么基金投资潮涌不仅会对股票市场产生负面影响，还会抑制上市公司本身的投资，并对股票市场中个人投资者的福利造成巨大的冲击。

首先，在中国特色社会主义进入新时代、党和国家决定构建我国"现

---

① 《基金三季度持股扎堆 46 只股被高度控盘（附股）》，搜狐基金，2015 年 10 月 28 日，http://fund.-sohu.com/20151028/n424373846.shtml；《上百只基金扎堆持有贵州茅台等五只股票》，南方财富网，2018 年 5 月 9 日，http://www.southmoney.com/jijin/jijinqingbao/201805/2239916.html？1526259117。

② 以上的分析也表明了本书的基金投资潮涌与真羊群行为的区别，在本书的基金投资潮涌中基金经理是能够获取投资信息的，而在真羊群行为中投资者在做决策时没有获取信息或者忽略自己的私有信息，直接跟从他人的投资行为，是一种非理性的盲从。

③ Han 和 Chung（2013）为我们提供了一个极富说服力的例子，他们通过研究韩国发生兼并时不同类型投资者的投资行为发现，以证券基金为代表的机构投资者能够在一个糟糕的并购宣布的前后卖掉该公司的股票，而个人投资者仍然会继续买该公司的股票。这表明，相对于个人投资者而言，以证券基金为代表的机构投资者能够获取更加专业的信息以及具有专业的投资能力。

代化经济体系"的重要关头，在保障金融血脉畅通和防控金融风险、坚守不发生系统性金融风险底线的背景下，需要全面系统地梳理基金参与下个股股价暴涨暴跌的发生机理。其次，在"金融要把为实体经济服务作为出发点和落脚点"、"金融是实体经济的血脉，为实体经济服务是金融的天职，是金融的宗旨"（习近平，2017）和"深化金融体制改革，增强金融服务实体经济能力"（习近平，2020）的要求下，引导金融回归本源服务实体经济需要全面理解金融的功能，避免片面化，以整体提升金融业服务实体经济发展的能力和效率。因此需要在研究股票融资功能的基础上，同时考虑股票提供激励和深化分工协作的功能。现阶段，股票投资已成为我国民众广泛参与投资的渠道，但由于个人投资者在专业知识和经济实力等方面与机构投资者存在差距，在股票市场中个人投资者往往处于绝对劣势地位，很容易成为机构投资者"收割"和"蚕食"的对象，导致个人投资者的投资遭受损失，福利水平急剧变化。这已经成为满足人民日益增长的美好生活需要的制约因素之一，不仅会影响他们的市场信心，还不利于股票市场的繁荣与稳定。因此需要全面地研究个人投资者福利水平波动的内在机制，以期为保护个人投资者利益提供理论基础。最后，党的十九大报告指出，要"健全金融监管体系，守住不发生系统性金融风险的底线"，因此防范和化解金融风险需要树立预防为主的意识，做到早发现、早预警、早处置，努力把风险消灭在萌芽状态。

基于以上的背景分析，本书对基金投资潮涌进行系统化研究。首先，基于行为金融、潮涌现象和物理共振对基金参与下个股股价暴涨暴跌的基金投资潮涌进行理论构建，并进行实证验证，重点探讨了基金投资潮涌发生的两个基础条件以及基金经理整体的价值认同感与个股股价的客观波动趋同值超过某一值时发生的共振效应。其次，既从股票市场本身的角度，又从上市企业投资水平和股市中个人投资者福利水平两个新的视角研究基金投资潮涌的危害性。最后，探讨了基金投资潮涌的预测模型和防控对策建议。本书的研究意义有以下几点。①本书的研究为系统研究基金投资行为、认识基金市场功能以及分析市场波动原因提供了新的方向，同时对于我国推进资本市场快速、稳定发展具有重要意义。②本书在研究基金投资潮涌下个股股价暴涨暴跌事件对企业投资水平影响的这一融资功能的基础上，同时考虑了股票的提供激励和深化分工与协作的功能，有利于全面地理解和认识金融服务实体经济的功能与作用，同时为公司建立有效的激励机制以及提高上市公司的治理水平提供了新的理论依据。③本书研究了在基金投资潮涌导致个股股价暴涨暴跌背景下，个股股价以及个人投资者持股量同时变化对个人投资者福利的影响，以期全面地了解个人投资者福利水平波动的内在机制，为保护个人投资者利益提供了理论基础。④本书对基金投资潮涌的预测模型和防控对策建议的研究，为将我国股市风险关口前移，防患于未然，化解金融风险提供了经验借鉴。

第二节　概念界定

一　潮涌现象和基金投资潮涌的区别与联系

根据林毅夫（2007）的观点，对于一个处于快速发展阶段的发展中国家而言，在产业升级时，企业所要投资的是技术成熟、产品市场已经存在、处于世界产业链内部的产业，因此发展中国家的企业很容易对哪一个产业是新的、有前景的产业产生共识，投资上容易出现"潮涌现象"，即许多企业的投资像波浪一样，一波接着一波地涌向某个产业。可以总结为，众多单个实物投资者在理性投资决策的情况下最终集体呈现一种非理性投资的现象。

借鉴潮涌现象的定义，下文在机理分析的基础上将基金投资潮涌定义①为：基金经理基于提前获取信息的优势，在获取投资信息后由于行为偏差会形成个人对某只股票的主观投资信念（买入或卖出），进而形成基金经理整体对该只股票的价值认同感，如果众多基金经理的主观投资信念趋于一致，那么将形成很强的价值认同感，此时若该价值认同感与个股股价本身的客观波动的趋同值超过某一值，将导致一个时间段内在隐藏交易下许多基金的资金像波浪一样，一波接一波地涌入（涌出）某只股票，这些交易的叠加会不断推高（拉低）股价，即基金经理整体的价值认同感对个股股价不断施加影响，最终会导致个股股价的非理性暴涨（暴跌）。以上的定义表明在基

---

① 基金投资潮涌的机理分析和定义请查阅第三章。

金投资潮涌中，基金经理可以提前获取信息，并且为了不被关注以及降低交易成本，他们将进行小额多轮的隐藏交易。当基金经理整体的价值认同感与个股股价的客观波动的趋同值超过某一值时，会发生共振效应，导致个股股价出现暴涨暴跌的现象。

对比潮涌现象和基金投资潮涌两个概念，两者的区别主要体现在以下三个方面。第一，投资主体和投资标的不同。现有文献中潮涌现象的投资主体大多是生产企业，其投资标的为新的、有前景的产业；而在本书的基金投资潮涌中，投资主体为证券投资基金公司，投资标的为股票。第二，根据对现有文献的理解，潮涌现象只是资金单方面的涌入，而基金投资潮涌既有资金的涌入也有资金的涌出。具体来讲，潮涌现象是由于企业对下一个有前景的行业产生共识而进行的实物投资；基金投资潮涌是基金经理对某只股票形成一致的投资预期，若预期该股票价格将是上涨行情则一致地买入该股票，反之则一致地抛出①所持有的股票。第三，理性程度不一样。由国家主导的产业升级一般会出台详细的产业规划，并向社会公布，企业可以获取全面的信息，因此潮涌现象中企业是理性地做出投资决策的。虽然基金经理也可以提前获取信息，但是在投资决策时会受到行为偏差②的影响，从而在投资决策中只能是有限理性，因此本书认为在基金投资潮涌中基金经理是有限理性地做出投资决策的。

二 真羊群行为、伪羊群行为和基金投资潮涌的区别与联系

羊群行为可以分为真羊群行为和伪羊群行为。真羊群行为是指投资者在做决策时没有获取信息或者忽略自己的私有信息，直接跟从他人的投资行为，是一种非理性的盲从。伪羊群行为则是指投资者们面对共同的信息冲击，共同做出类似的投资决策。例如，如果利率提高，投资者们将一致地预期股票价格会下降，从而共同减少投资组合中股票的比重。投资者的这一行为并不是真正的羊群效应，不是盲目的模仿其他投资者的投资行为，而是一种对利率变化信息有效利用并做出调整的结果。然而现有文献

---

① 此处没有使用卖空是因为在中国的股票市场中暂时还不允许卖空。
② 如可得性偏差、代表性直观推断和过度自信以及以自我为中心。

鲜有对真羊群行为和伪羊群行为进行区分的，并且现有文献研究的羊群行为主要是真羊群行为。

真羊群行为和基金投资潮涌都可以用来描述基金经理的投资行为，真羊群行为是个体非理性导致的集体的非理性投资，最根本的体现是对同行的盲目模仿。基金投资潮涌是个体有限理性导致的集体的非理性投资，是基金经理对某只股票行情达成共识之后同时做出决策的结果，强调的是英雄所见略同下同时决策的结果。

由伪羊群行为和基金投资潮涌的定义可知，这两者在某种程度上具有相似性，都是面对共同的信息冲击，共同做出类似的投资决策。鉴于现有对伪羊群行为的研究还没有形成一套完整的研究方法和理论体系，而本书提出的基金投资潮涌可以更形象的表现我国基金的股票投资行为，并且基金投资潮涌借鉴的潮涌现象是基于我国的国情提出的，因此本书以基金投资潮涌为研究对象，亦可作为对基金伪羊群行为研究的充实。

第三节　研究思路、内容和方法

一　研究思路

本书对基金投资潮涌进行系统化研究。首先，基于行为金融、潮涌现象和物理共振对基金投资潮涌进行理论构建。其次，从股票市场本身、上市企业投资水平和股市中个人投资者福利水平三个方面研究基金投资潮涌的危害性。最后，研究基金投资潮涌的预测模型和防控对策建议。全书的技术路线如图 1.15 所示。

二　研究内容

全书共分为六章，主要内容如下。

第一章为导论。主要介绍本书的研究背景和意义，概念界定，研究思路、内容和方法，以及本研究的创新之处。

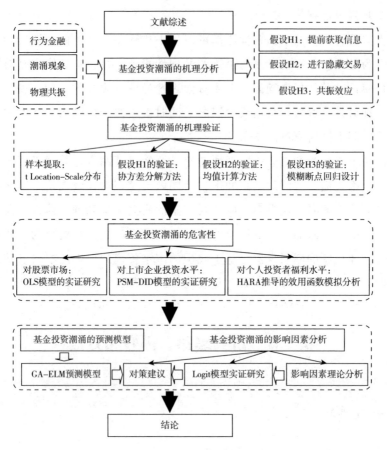

图 1.15 本书的技术路线

第二章为文献综述。主要包括以证券基金为代表的机构投资者投资行为、以证券基金为代表的机构投资者投资行为对股市稳定性的影响、股票价格波动对市场各参与主体的影响效应和促进股市稳定健康发展的相关研究的文献，此外还包括基金投资潮涌机理分析涉及的潮涌现象和物理共振两方面的文献以及文献评述。

第三章为基金投资潮涌的机理分析和实证检验。理论分析部分首先对投资潮涌、物理共振和相关的行为金融理论进行回顾与梳理。其次基于行为金融、潮涌现象和物理共振对基金参与下个股股价暴涨暴跌的基金投资潮涌进行理论构建。在分析过程中引入基金经理整体的价值认同感和个股股价的客观波动变量。理论分析发现当两者的趋同值超过某一值时，将发生共振效应，对个股股价产生巨大的正（负）向冲击。最后提出 3 个待检验的研究假设。假设 H1：在基金投资潮涌中，基金经理可以提前获取信息。假设 H2：在基金投资潮涌中，基金经理进行隐藏交易。假设 H3：在基金投资潮涌中，基金经理整体的价值认同感和个股股价的客观波动的趋同值超过某一值时会发生共振效应，导致个股股价出现暴涨暴跌的现象。

实证研究部分首先利用含有尺度参数和位置参数的 t 分布（t Location-Scale 分布）提取了基金投资潮涌样本；其次分别利用协方差分解方法、均值计算方法和模糊断点回归设计对提出的 3 个假设进行验证。实证研究表明：①基金经理确实可以提前获取信息；②基金经理进行隐藏交易；③当基金经理整体的价值认同感和个股股价的客观波动的趋同值超过 0.90（正向基金投资潮涌）或 −0.89（负向基金投资潮涌）时，将发生共振效应，导致个股股价上涨 48.4970% 或下跌 55.7674%。

第四章为基金投资潮涌的危害性分析与实证研究。从股票市场、上市企业投资水平和个人投资者福利水平三个方面研究了基金投资潮涌的危害性。①基金投资潮涌对股票市场的负面影响是基金投资潮涌降低了股票市场的信息效率和股票市场的流动性、增加了股价的波动性。②个股无论是发生正向基金投资潮涌还是负向基金投资潮涌事件均会抑制企业的投资；但两者对企业投资抑制效用的影响路径不同，管理层工资率上升是个股发生正向基金投资潮涌事件抑制企业投资的影响路径，管理层有限关注转移是个股发生负向基金投资潮涌事件抑制企业投资的影响路径。③基金投资潮涌对个人投资者福利水平的负面影响的研究表明：个股发生基金投资潮涌会对个人投资者的福利水平造成巨大的冲击，导致个人投资者的福利水平在短期内产生巨大的波动。

第五章为基金投资潮涌的预测模型研究。基于 GA 改进 ELM 模型，通过 GA 对 ELM 输入权值及隐含层偏置进行优化，从而获得性能最佳的参数来确定出最终的 ELM 预测模型。将预测模型的预测结果与 BP、GA-BP、ELM、PSO-ELM 预测模型进行对比，结果表明，第五章采用的 GA-ELM 预测模型具有更高的预测准确率和更强的泛化能力，在基金投资潮涌预测中具有明显的优势。

第六章为基金投资潮涌的影响因素研究和防控对策建议。首先从基金业发展、上市公司治理结构、股票市场外资开放程度、货币政策以及股票市场个人投资者五个方面对基金投资潮涌的影响因素进行理论分析并提出研究假设；其次利用中国股票市场的相关数据进行实证检验；最后从基金投资潮涌防控指导原则、基金业均衡发展、完善上市公司治理结构、提高股票市场外资开放程度、保证货币政策透明和引导个人投资者理性投资六方面提出具体的防控建议。

最后为主要结论和研究展望。总结全书，并指出未来的研究方向。

三　研究方法

本书采用纵向推进的方式系统地研究了基金投资潮涌问题，首先对基金投资潮涌进行理论阐释以及研究假设的验证，其次研究基金投资潮涌的危害性，最后研究基金投资潮涌的预测模型和防控对策建议。为了使本书的研究结论具有说服力、兼具理论深度以及精确性，本书采用多种研究方法相结合的分析方式。

1. 定性分析和类比推理相结合的研究方法

本书在基金投资潮涌理论模型构建部分，采用定性分析和类比推理相结合的研究方法。基于行为金融、潮涌现象和物理共振对基金参与下个股股价暴涨暴跌的基金投资潮涌进行理论分析，在分析基金经理整体的价值认同感和个股股价的客观波动趋同时采用类比推理的方法将物理共振模型引入基金经理投资行为对股价的作用机制，可以更加形象直观地表现出基金经理整体的价值认同感和个股股价的客观波动趋同对股价波动的作用机制，为认识基金投资行为以及研究其市场功能提供了新的视角。

2. 模糊断点回归设计

本书在基金投资潮涌共振效应的实证检验中采用模糊断点回归设计。模糊断点回归设计既可以通过图形寻找到发生共振效应时基金经理整体的价值认同感和个股股价的客观波动趋同值的临界值，又可以在实证分析中避免参数估计的内生性问题，反映出变量之间的因果关系，得出共振效应对个股股价波动的真实影响效应。

3. PSM-DID 和 HARA 效用函数推导出的个人投资者福利水平效用函数

在基金投资潮涌危害性的分析中，利用倾向得分匹配-双重差分法（PSM-DID）对基金投资潮涌抑制企业投资进行实证分析，可以有效地避免参数估计的内生性问题，真实地反映出变量之间的因果关系；利用双曲绝对风险厌恶（Hyperbolic Absolute Risk Aversion，HARA）效用函数推导出递减绝对风险厌恶者和递增绝对风险厌恶者的个人投资者福利水平效用函数，考察个股股价以及个人投资者持股量同时变化对股市中个人投资者福利水平的影响，全面地分析了个人投资者福利水平波动的内在机制，为保护个人投资者利益提供了理论基础。

4. GA-ELM 和 Logit 模型

在基金投资潮涌预测模型和防控机制研究中，本书基于 GA 改进 ELM 模型，通过 GA 对 ELM 输入权值及隐含层偏置进行优化，获得性能最佳的参数来确定出最终的 ELM 预测模型，为股票市场监管层提供了一个有效的预测模型。在分析基金投资潮涌影响因素的基础上，利用 Logit 模型进行实证检验，最后在实证检验的基础上提出更具针对性的对策建议。该部分的研究方法具有一定的政策应用价值，为防控金融风险、坚守不发生系统性金融风险提供了经验借鉴。

第四节 创新之处

本书系统地研究了基金投资潮涌问题，首先基于行为金融、潮涌现象和物理共振对基金参与下个股股价暴涨暴跌的基金投资潮涌进行理论构建；其次研究基金投资潮涌对各市场主体的负面影响；最后研究基金投资潮涌预测模型和防控对策建议。结合书中各章节的内容，总结全书的主要创新点如下。

第一，将研究对象限定在基金的投资行为是如何导致个股股价的暴涨暴跌这一范围，融合行为金融、潮涌现象以及物理共振的思想来阐释基金投资潮涌的发生机制，将其称为"基金投资潮涌"。丰富了个股股价暴涨暴跌事件经济影响的文献，为认识基金投资行为以及研究其市场功能提供了新的视角，同时为分析股票市场波动原因提供了新的方向，对于我国推进资本市场快速、稳定发展具有重要意义。

第二，从管理层工资率变动和有限关注转移两方面研究了基金投资潮涌对企业投资的抑制效应，在研究股票融资功能的基础上，同时考虑了股票提供激励和深化分工与协作的功能，既丰富了公司投资决策影响因素的文献，也为上市公司建立有效的激励机制以及提高公司的治理水平提供了新的理论依据。

第三，考察个股股价以及个人投资者持股量同时变化对股市中个人投资者福利水平的影响，全面地分析了个人投资者福利水平波动的内在机制，为保护个人投资者利益提供了理论基础。

第四，运用了较为前沿的计量模型和机器学习模型。一方面，采用模糊断点回归设计和 PSM-DID 可以有效地避免参数估计的内生性问题，真实地反映出变量之间的因果关系，扩大了该模型的运用范围。另一方面，采用预测效果良好的 GA-ELM 预测模型对基金投资潮涌进行预测模型的研究，既改进了 ELM 模型预测性能，又扩展了 ELM 模型的应用领域，可以做到早发现、早预警、早处置，把风险消灭在萌芽状态和早期阶段，为股票市场监管层提供了一个有效的预测模型。同时，在分析基金投资潮涌影响因素的基础上，还利用 Logit 模型进行实证检验，以便提出有效的防控基金投资潮涌的措施。基金投资潮涌预测和防控部分的研究具有一定的政策应用价值，为防控金融风险、坚守不发生系统性金融风险提供了经验借鉴。

第二章
文献综述

　　基金投资潮涌是本书提出的一个概念，还未有学者对此做过专门的研究，但本书的研究是在现有文献的基础之上开展的，参考和借鉴了大量文献。因此，本章进行相关文献的回顾。本章回顾的文献主要包括以证券基金为代表的机构投资者投资行为、以证券基金为代表的机构投资者投资行为对股市稳定性的影响、股票价格波动对市场各参与主体的影响效应和促进股市稳定健康发展的相关研究的文献，此外还包括基金投资潮涌机理分析涉及的潮涌现象和物理共振两方面的文献。

第一节　以证券基金为代表的机构投资者投资行为研究

　　建立在理性人假设基础之上，以"有效市场假说"（Efficient Market Hypothesis，EMH）和"资产定价"为两大核心内容的传统金融学正经受着越来越多的挑战。一方面，人类行为和心理等因素对投资决策有着重要的影响，而现代金融经典理论的模型和范式却仍然局限在"理性"的分析框架之中；另一方面，"日历效应"、"羊群效应"、"股权溢价之谜"、"动量和反转效应"、"规模效应"、"处置效应"与"反应过度和反应不足"等市场异象（Market Anomalies）被实证发现，这种模型与实际情况的背离使得现代金融理论的理性分析范式陷入了尴尬的境地。针对传统主流金融理论缺陷，行为金融理论提出了很多新理论和新观点来描述投资者的决策行为，从微观个体行为以及产生这种行为的心理等动因来解释、研究和预测金融市场的发展。这一研究理论通过分析金融市场主体在市场中的行为偏差和反常，来寻求不同市场主体在不同环境下的经营理念及决策行为特征，力求建立一种能正确反映市场主体实际决策行为和市场运行状况的描述性模型。Smith 等（1988）关于股市泡沫的实验研究开启了实验金融学的先河。随后，如黄金老（2001）认为非理性的市场集体过度投机是我国股票市场过度波动的重要原因。Verma 和 Soydemir（2006）的研究发现，机构投资者的投资行为由其理性和非理性的情绪驱动。Liao 等（2013）研究发现，在台湾股市的境外机构投资者由于存在锚定效应和认知偏差，动量交易决策容易受到先前持股成本的影响。越来越多的学者利用行为金融学从不同的视角对"金融异象"进行解释，基于此，本部分主要回顾有限理性、情绪、知情交易行为、关注、一致性风险理论以及羊群行为等有关机构投资者投资行为的微观机理方面的文献。

一 机构投资者的有限理性[①]

具有经济学知识的投资者（如经济学专业的学生等）相对于普通人群更加理性（Carter and Irons，1991），因此，作为专业的机构投资者，相对于一般的投资者，他们也会更加理性。Long 等（1990）和邵晓阳等（2005）按投资者的理性程度将股票市场的投资者划分为三类：第一类是以证券投资基金公司、社保基金公司、合格境外机构投资者（QFII）、保险公司、券商等机构投资者为代表的准理性投资者；第二类是部分机构投资者和具有一定分析研究能力的个人投资者，并将他们称为噪声交易者；第三类是基本没有分析研究能力，仅通过对市场价格的观察和市场消息等进行交易的个人投资者，他们在股票上涨时跟进买入，在股票下跌时跟进卖出，是典型的正反馈交易者。当然，这样的分类并非界限严密的，也并非静态的，机构投资者中也有分析研究能力不高、跟进其他机构买卖的噪声交易者，中小投资者中也有不少分析研究能力超强的准理性投资者。同时，三类投资者的界限也不是绝对静止的，而是动态变化和相互转化的。

---

① 有限理性是指介于完全理性和完全非理性之间的在一定限制下的理性。

正如陶可和陈国进（2012a）研究认为，虽然投资者均只具有有限理性，但是机构投资者在股市泡沫前期和后期的有限理性要高于一般投资者，选择在高位卖出股票有利于股价回归价值中枢，因此上述的分类方法虽然存在不足之处，但整体上是一个可行的分类方法。

Kaniel 等（2008）研究表明，富有经验的机构投资者会对股市波动做出合理反应，不太可能受到股市波动的影响，他们被称为"聪明的投资者"，能够平衡个人的非理性投资并减少市场噪声（Ormos and Timotity，2016）。Cipriani 和 Guarino（2009）研究表明，相对于一般投资者，具有丰富市场经验和专业投资背景的投资者能够更好地摆脱情绪因素的影响，表现得更为理性。以证券基金为代表的机构投资者基于价值发现优势，投资行为给市场传递出积极信号，有利于减弱股市波动。游家兴和汪立琴（2012）认为，机构投资者的增仓既会影响其自身的投资收益，又能传递出相应的市场信息，因此机构投资者对 A 股市场的参与度越高，越能够促进市场信息传递机制的完善，同时越有利于推动股价对公司特质信息的吸收，进而有利于各类投资者理性程度的提高，最终对股市的稳定起到积极作用。

二 机构投资者的情绪

机构投资者的投资行为既由其理性驱动，也由其非理性的情绪等驱动（Verma and Soydemir，2006）。越来越多的心理学研究表明，人们的情绪确实会影响他们对未来资产价格的预期，投资者的情绪并不总是基于公司层面的利益考量，而是包含市场信息的综合考量（Antoniou and Doukas，2013）。因此，Baker 和 Wurgler（2006）以及 Smith 等（2014）的研究均认为情绪可能会推动资产定价，甚至有的学者如 Hu 和 Wang（2012）认为，投资者情绪是导致系统性风险的重要因素之一。王健俊等（2017）研究表明，在微观层面上，投资者情绪会显著增加股价波动风险，同时微观层面的投资者情绪与股价泡沫互为 Granger 因果关系，即股价泡沫也会影响投资者的情绪。

投资者情绪会通过改变其交易行为引起股票收益率的剧烈波动和资产价格的暴涨暴跌，最终导致金融市场的不稳定（Yang and Zhou，2015）。Long 等（1990）首次将投资者情绪引入股票价格决定模型，并指出投资者情绪会成为影响金融资产均衡价格的系统性风险。张圣平（2002）综合考虑投资者的偏好、信念和信息建立不同情境下的理论模型分析证券价格的形成过程。王美今和孙建军（2004）通过改进 DSSW 模型①，将噪声交易者进一步区分为受情绪影响的噪声交易者和其他交易者，实证研究表明投资者在处理信息时，情绪可以系统性地影响股票的均衡价格。

对不同地区股票市场的实证研究均表明情绪会对股市波动产生显著的影响。Kumari 和 Mahakud（2015）利用 VAR-GARCH 模型进行研究，发现在印度股票市场中投资者情绪会对股市波动产生显著的影响。Hung（2016）利用原始的台湾证券交易所（TWSE）日内数据来探讨台湾投资者情绪、交易量和投资收益三者的关系，研究表明投资者的交易行为在乐观与悲观时期有很大的不同；买卖交易行为表现出不同的模式和不对称效应；不同类型的交易者在情绪影响下的交易决策的灵敏度不同，例如，共同基金会提交较大的订单，然而，外国投资者可能会分开提交订单，以隐藏其交易信息；与其他投资者相比，共同基金在台湾证券交易所的表现更好。

三 机构投资者的知情交易行为

机构投资者的持股需求与后续的股价收益率呈现正相关关系（Wermers，1999；Chen et al.，2002），这在一定程度上说明机构投资者能够提前获取信息。个人和机构投资者的交易行为存在的差异主要表现在他们收集和处理信息的能力上（Dennis and Strickland，2002）。因此，Barclay 等（1990）基于知情交易，认为与个人投资者相比，机构投资者具有信息优势。当机构投资者购买某只股票时，会向市场传递出一种利好消息，刺激其他投资者的购买需求，从而促使股价上涨，获取超额收益率，这表明信息是导致股价波动的核心因素（雷震等，2016）。在知情交易下，机构投资者的羊群行为可能是充分利用信息的结果（陶可、陈国进，2012a），并且知情交易对股价的影响将随着知情交易者数量的增加而增强（Back et al.，2000）。

---

① DSSW 通过一个简化的迭代模型，描述了具有外生有偏信息禀赋的投资者交易行为，并分析了这些噪声交易者的生存能力。

Sias 等（2001）研究发现，机构持股量的变化对股价变动的影响是永久性的，这就表明机构投资者的交易对股价的压力来自他们的知情交易。Han 和 Chung（2013）研究韩国发生兼并时不同类型投资者的投资行为发现，以证券基金为代表的机构投资者能够在一个糟糕的并购宣布的前后卖掉该公司的股票，而个人投资者仍然会继续购买该公司的股票。这表明相对于个人投资者而言，以证券基金为代表的机构投资者能够获取更加专业的信息以及具有专业的投资能力。在美国，与其他类型的机构投资者相比，对冲基金通常收取业绩费用，这导致基金经理有更大的动力利用政治信息来获取超额收益率（Agarwal et al.，2009）。对冲基金被广泛认为是政治信息市场的主要参与者，它们积极寻求和交易政治信息。Gao 和 Huang（2016）研究表明，由于许多游说者本身就是前立法委员，他们经常与立法者进行交流，可以提前获得政治信息和相关情报，对冲基金经理可以与政府游说者交易，提前获得正在进行或者即将来到的政府行为的信息，如证券交易管理方法的信息。对冲基金经理提前获得证券交易信息，会促使其所管理基金的收益率跑赢基准 56~93 个基点，并且相关基金在立法影响股票的季度交易中能够获得较高的回报。自 2012 年美国的 Stop Trading on Congressional Knowledge 法案①生效以来，对冲基金的这种收益率优势就显著下降了，因此他们认为获取信息可能是对冲基金优越绩效的来源之一。

Li 等（2016）研究发现，知情度更高的机构投资者能够进行选择性交易，而知情度低的个人投资者会将投资平均分配到股票市场上，个人投资者更多地依靠公共信息进行交易。机构投资者在获得企业特定信息和私有信息方面的能力优于个人投资者，机构投资者也更为同质化，倾向于对特定股票或特定股票群体进行更多的交易，以利用信息不对称（He and Wang，1995）。

为了隐藏自己的知情交易，机构投资者一般会采取某种规模的交易投资策略。Barclay 和 Warner（1993）认为，如果知情投资者的交易是股价变动的主要原因，那么知情交易者会将交易集中在不算太大的规模交易（这样他们的交易可以消失，不被关注）也不算太小的规模交易（这样他们的

---

① 简称 STOCK，该法案生效之前对冲基金对国会内部私人政治信息的交易没有违反内幕交易法。

交易成本也不至于太高）上，大部分的股票累计收益率变动是由中等规模的交易引起。Chakravarty（2001）研究了具体规模交易对股票价格的影响是由机构投资者引起的还是由个人投资者引起的，研究结果表明两者对于信息回应的灵敏程度是不同的，由机构投资者发起的中等规模交易造成了不成比例的巨额累计收益率，79%的股价变动全部与机构投资者发起的中等规模交易相关，研究证实了机构投资者是"聪明"的，是知情交易者。Menkhoff 和 Schmeling（2010）的研究发现，越是拥有私有信息的机构投资者，他们的股票市场成交量越小，越倾向于进行隐藏交易，这样能降低其交易成本，也能减少对股市的冲击。Borghesi（2017）认为，在投资者信息不对称以及股票流动性较高的条件下，内幕交易者会以噪声交易者为目标，在实施交易策略时偏好采用小额交易、多轮交易的盈利策略。

四　机构投资者的关注

Ruan 和 Zhang（2016）研究了投资者关注对股票市场微观结构的影响，研究发现，更高的投资者关注导致了更大的股市波动。越来越多的实证研究表明，较高的投资者关注总是会导致较高的股市波动（Zhi et al.，2011；Andrei and Hasler，2014）。根据 Zhi 等（2011）、Ding 和 Hou（2015）的研究，基金经理等机构投资者是完全关注的交易者，他们拥有非常高的技能来更新数据；散户投资者是有限关注的交易者，他们收集和处理信息的能力有限。正如 Barber 和 Odean（2008）所说的，由于拥有专业的研究团队来帮助机构投资者做决策，所以注意力并不是机构投资者的稀缺资源。Ruan 和 Zhang（2016）的研究还发现，完全不关注的交易者更倾向于出售股票，而有限关注的交易者倾向于买入股票，股价的波动总是随着注意力的增加而增加。

五　一致性风险理论

也有学者利用"一致性风险理论"来解释机构投资者投资行为对股市的影响。Abreu 和 Brunnermeier（2003）的研究认为，如果套利者单凭自己的做空行为无法使得资产泡沫破灭，同时相信其他投资者同样也不具有这种能力，那么理性的套利者就有动力不断追逐泡沫，直到达成卖出共识引发资产价格暴跌才卖出该股票。同样，祁斌等（2006）的研究也发现，当我国 A 股市场出现泡沫时，单个证券投资基金在信息瀑布①、声誉和代理人等情况的影响下，认为自己单枪匹马做空泡沫很难成功并且风险很大，同时相信其他机构投资者基于相同的理由也不会冒险采取行动，此时该证券投资基金就会有动力选择不断追逐泡沫以达到最大化的收益，这也就导致"抱团取暖"的羊群行为的发生。

六 机构投资者的羊群行为

羊群行为（Herd Behavior）是一种特殊的非理性行为，是指市场参与者在某些因素的影响下放弃自己的私有信息和理性，与其他大多数市场参与者的行为趋于一致的现象。早期的研究认为声誉模型的压力（Scharfstein and Stein，1990）、信息不对称（Bikhchandani et al.，1992）、机构投资者的同质化（Froot et al.，1992）以及搭便车行为是机构投资者出现羊群行为的主要原因。当机构投资者出现争先买进或卖出金融资产的羊群行为时，作为流动性提供者的机构投资者全部转化为流动性需求者，此时买卖的流动性需求超过市场所能提供的最大流动性，市场流动性瞬间消失，导致市场流动性枯竭，资产价格出现非连续的暴涨暴跌和雪崩效应，破坏市场的稳定运行（蔡庆丰等，2011）。

第二节　以证券基金为代表的机构投资者投资行为对股市稳定性②的影响研究

一 有利于股市稳定的相关研究

与个人投资者相比，机构投资者在信息收集和处理方面均具有优势，

---

① 信息瀑布，描述了当人们的选择受到前人信息的影响时，放弃自己的喜好，追随前人的选择的一种现象。
② 股市稳定性主要体现在两个方面：股价的波动性和股市的流动性。

他们的投资行为表现得更为理性，较少受市场情绪的影响，能够减少噪声交易，会买入被低估的股票而卖出被高估的股票，促进了股价向均衡价值的回归。因此有学者认为以证券基金为代表的机构投资者有利于股市的稳定。

国内外均有研究认为机构投资者的投资行为有利于股价的回归，机构投资者能够起到稳定股市的作用。Cohen 等（2002）研究发现，美国机构投资者的投资行为有利于股价的回归，能够起到稳定股市的作用。Barber 和 Odean（2008）的研究表明，在美国股市剧烈波动的时候机构投资者会进行反向操作，具体表现为，当股市出现利好消息时抛出持有的股票，反之则买入股票，即机构投资者起到了稳定股票市场的作用。Cao 和 Petrasek（2014）认为，机构投资者能够显著地降低股票的流动性风险。不仅在发达国家的股市中机构投资者能够起到稳定股市的作用，也有研究表明在发展中国家的股市中机构投资者也发挥着稳定股市的重要作用，如 Bohl 等（2009）对波兰股票市场的研究发现，由于机构采用负反馈投资策略，以养老基金为代表的机构持股增加降低了波兰股票市场的波动水平。Xuan（2016）的研究发现，机构的持股行为有助于稳定越南股票收益率的波动。国内的部分研究，譬如祁斌等（2006）、胡大春和金赛男（2007）的研究均表明，机构投资者的持股比例越高，股票价格波动性越小，越有利于稳定股市。更进一步地，盛军锋等（2008）的研究认为，A 股市场中的证券投资基金和保险公司能够有效地降低股市的波动性。周学农和彭丹（2007）采用 GARCH 与 EGARCH 模型研究机构投资者的投资行为与股市波动性的关系，研究结果表明，自从我国大力发展机构投资者以来，我国股市的波动性显著降低，波动的杠杆效应减弱，股市平稳性得到增强，从而表明机构投资者的壮大有利于我国股市的健康发展。

以证券基金为代表的机构投资者基于信息获取和价值发现优势，投资行为给市场传递出积极信号，有利于减小股市波动。Foster 和 Viswanathan（2012）的研究认为，以机构投资者为代表的信息投资者的增加可以提高资产价格对市场信息的反应和吸收速度，这将有利于提高股市的定价效率。Menkhoff 和 Schmeling（2010）认为，越是拥有私有信息的机构投资者，他们的股票市场成交量越小，并且越倾向于进行隐藏交易，这样既可以降低他们的交易成本，又可以减少对股市的冲击，有利于股市稳定。游家兴和汪立琴（2012）认为，机构投资者的增仓既会影响其自身的投资收益，又传递出相应的市场信息，因此有利于各类投资者理性程度的提高，最终对股市的稳定起到积极作用。Hsieh（2013）的研究表明，在相关的私有信息驱动下，机构投资者的羊群行为加快了台湾地区股票市场的价格调整过程。Ajina 等（2015）利用巴黎股市的数据研究发现，巴黎股市中的机构投资者拥有正确评估上市公司股价的能力，因此他们的交易提高了股市的透明度和降低了信息的不对称水平，进而提高了股市的流动性。

机构投资者通过对公司履行外部监督职责，间接稳定了股市。An 和 Zhang（2013）研究发现，机构投资者能够履行外部监督职责，监督管理层操控现金流的行为，减弱了管理层对负面信息的隐藏，从而降低了股价暴跌的可能性，因此他们认为机构投资者可以显著地降低股价暴跌的可能性。

此外，羊群行为也是机构投资者影响股市稳定的重要投资行为之一。Lakonishok 等（1991）的研究表明，机构投资者的羊群行为并不一定会增加股市的波动性。Wermers（1999）通过研究美国共同基金的投资行为认为，共同基金市场存在一定程度的羊群行为，但这种羊群行为是理性的，能够加速股价对市场信息的反应，有利于股价的回归。负反馈交易也是机构投资者影响股市稳定的重要投资行为之一。Lipson 和 Puckett（2006）认为，养老基金和货币市场基金执行的是负反馈投资策略，即在市场价格上升期间是净卖出而在市场价格下跌期间是净买入，所以这类机构投资者在一定程度上起到了稳定股市的作用。

二　不利于股市稳定的相关研究

机构投资者的投资一般占较大比例，该比例一旦变动将引起股票交易量的重大变动，因而在震荡的股票市场中，机构投资者交易，尤其是机构投资者的短期投资行为容易引起股票价格的波动（Cella et al.，2013）。也有学者研究发现，以证券投资基金为代表的机构投资者并不能促进股市的稳定，反而加剧了股票市场的波动性以及限制了股票市场的流动性，不利于股市的稳定。

机构投资者的羊群行为是股市不稳定的重要原因。机构投资者往往表现出高度的同质性（Froot et al.，1992），它们同时一致地持有或者卖出某些股票，这种在短期内的集中交易不容易被其交易对手（一般是指中小投资者）所抵消，给市场带来了巨大的流动性压力，从而造成股票价格在短期内的剧烈波动，破坏了市场的稳定（Sias et al.，2006）。Poon 等（2013）对 2007～2008 年金融危机期间的股市研究发现，以基金为代表的机构投资者的羊群行为增加了股票的买卖价差以及流动性风险。

机构投资者的正反馈投资策略在股市的暴涨暴跌中发挥了推波助澜的作用。Sias（1996）通过对纽约证券交易所的上市股票进行研究发现，以基金为代表的机构投资者持有的股票份额越多，股市的波动性就越大，它们加剧了股市的波动。Sias 等（2001）研究发现，机构投资者的持股量变动与股票的收益率呈现正相关关系，这是由于机构投资者的交易会产生信息效应，导致股票价格的波动。进一步地，Sias 等（2006）认为，机构投资者的持股比例越高，股价的波动越大，从而表明机构的增减仓行为对股价的冲击是最为明显的。Dasgupta 等（2011）指出，机构投资者的羊群行为加剧了股票市场的波动性，甚至会催生严重的资产泡沫。此外，Hsieh（2013）也认为，由于机构投资者采用正反馈投资策略，机构投资者的羊群行为将加剧股价的波动，不利于股市的稳定。

对于国内 A 股市场的研究，学者们认为现阶段我国 A 股市场上不成熟的机构投资者占比依然较高（李勇、王满仓，2011），机构投资者持股比例与股价波动性往往呈现正相关关系（张轩旗，2014），无论是保险、基金、券商等境内机构投资者还是境外机构投资者（Chen et al.，2013），在追寻自身收益率的同时，都会加剧 A 股股价的波动，机构投资者实现稳定股市波动的目的任重而道远。陈国进等（2010）从市场和个股两个层面检验了机构投资者对股市暴涨暴跌现象的影响，研究表明，在市场和个股两个层面上机构投资者都是股市暴涨暴跌的助推器。雷倩华等（2012）从价差的角度来衡量股市的流动性，他们认为机构投资者增加持股的行为会导致股票报价价差和有效价差扩大，从而增加股市的流动性成本。许年行等（2013）从羊群行为的视角出发，发现机构投资者的羊群行为会加剧股价崩盘的风险，得出了机构投资者更容易加剧市场波动而非稳定市场的结论。

迫于基金收益率的排名压力，基金经理往往表现出短视行为，直观的表现就是采用追随市场热点的"趋势追踪"和抛售弱势股买入强势股的"惯性交易策略",因此证券基金的短视行为也是股市不稳定的原因之一。同时证券基金的流动性压力也会增加股市的不稳定性,特别是开放式基金,如果现金流无法满足投资者赎回基金份额的要求,将出现挤兑的风险,因此,基金迫于该压力,往往会在短时间内抛售大量的股票,从而导致股价的剧烈波动。姚颐和刘志远(2007)利用 Fama-MacBeth 回归方法和 2001~2003 年的证券投资基金前 10 大重仓股季度数据研究了基金持股比例对股市流动性的影响,结果表明,由于基金持股高度集中以及持股高度相似,基金增大了股票的流动性风险。谢赤等(2008)利用 VAR 模型研究我国证券基金的投资行为对股市收益率的影响,结果表明,由于基金采取了正反馈交易策略进行追涨杀跌,所以增加了股市的波动性。蔡庆丰和宋友勇(2010)研究发现,我国基金业的跨越式发展并没有促进股票市场的稳定和理性,相反,加剧了基金重仓股股价的波动。张宗新和王海亮(2013)认为,由于证券基金的仓位调整与股市波动发生共振效应,所以证券基金的投资行为没能熨平股价的非理性波动,现阶段证券基金还没起到稳定股市的作用。李志洋和杨万成(2014)对基金持股比例及其变动与股价波动的关系进行实证研究,发现基金持股比例和基金持股比例变动都与股价波动存在显著的正相关关系。

三 对股市多样性影响的相关研究

事物之间的影响关系并不总是非此即彼的,同样地,以基金为代表的机构投资者对股市稳定性的影响也要具体问题具体分析。相关的文献认为机构投资者对股市的影响具有多样性。

机构投资者的买入和卖出行为会对股价产生不同的影响,如 Chan 和 Lakonishok(1993)通过研究机构投资者的交易行为对股价的影响发现,机构投资者的买入和卖出行为会对股价产生非对称的影响。机构投资者的投资行为会对不同国家股市的股价产生不同的影响,如 Verma 和 Soydemir(2006)的研究发现,美国机构投资者的投资行为可以对英国、墨西哥和巴西股市的股价产生影响,而不会对智利股市的股价产生影响。机构投资者的投资行为会对不同市值公司的股价产生不同的影响,如 Gompers 和

Metrick（2001）的研究发现，机构投资者的持股量与所持大市值公司的股价呈现正相关关系，与所持小市值公司的股价呈现负相关的关系。刘秋平（2015）发现机构投资者持股比例与股价暴跌风险呈现非线性关系，即在机构投资者持股比例较小时，持股比例与股价暴跌风险呈现正相关，但在机构投资者持股比例较大时，两者呈现负相关，该作者认为这是由于机构投资者的持股集中度不同影响到机构投资者的外部治理效应的发挥。

在不同的股市阶段，机构投资者的投资行为会对股价产生不同的影响，Bikhchandani 和 Sharma（2000）研究发现，在牛市和熊市中机构投资者的投资行为对股价波动的影响是非对称的，在牛市期间机构投资者的买入投资行为相比卖出投资行为会引发更大幅度的股价波动，反之，在熊市期间机构投资者的卖出投资行为引发的股价波动幅度更大。宋冬林等（2007）研究发现，在股市上升阶段基金持股增加会加大股市波动，而在股市下调或者盘整阶段基金持股增加将有助于降低股市的波动。陶可和陈国进（2012a）认为，在我国 A 股市场，机构投资者的投资行为在牛市中明显地增大了股价的波动性，而在熊市前期对股价波动的影响较弱，甚至到了熊市后期该影响已不显著。史永东和王谨乐（2014）认为，在牛市中机构投资者的买入行为提高了股价的波动性，而在熊市中机构投资者的买入行为能够降低股价的波动性，但是并不能有效地阻止股票价格的进一步下跌。Tseng 和 Lai（2014）通过研究台湾股市发现，在股市非急剧下跌的时候，机构投资者的交易行为确实能够稳定股市，然而在 2007 年的次贷危机中，当股市急剧下跌时，相较于个人投资者，机构投资者表现出更为积极的卖出投资行为，该行为导致了股市的较大波动。

不同类型机构投资者对股市波动差异化影响的研究有以下几个。刘奕均和胡奕明（2010）对机构分类的实证研究表明，一般法人、信托、社保和保险等机构的持股行为有利于稳定股市波动，而券商的持股行为显著地加剧了股市波动，其他类型的机构投资者的投资行为对股市波动的影响不显著。魏立佳（2013）的研究表明，股票型基金的投资行为对股市波动性的影响不显著，偏股混合型和平衡混合型基金的投资行为与股市波动性呈现负相关关系，偏债混合型基金的投资行为与股市波动性呈现正相关关系。Han 等（2015）讨论了金融自由化对中国新兴资本市场的影响，研究发现外国机构投资者的投资行为减小了股市波动，发挥了稳定市场的功能；相反，国内机构投资者的投资行为加剧了股市波动。

最后也有研究认为机构投资者的投资行为对证券价格的影响既不持久，也不稳定，如 Blake 等（2017）采用英国 DB 型养老基金过去 25 年来资产配置的独特数据库研究了养老基金的羊群行为，根据基金规模和发起人类型对养老基金分组，发现不同分组的养老基金均存在羊群行为，但是养老基金对证券价格的影响既不持久，也不稳定，不同部门的养老基金只存在很小的差别。

第三节 股价波动对市场各参与主体的影响效应研究

一 股票价格对企业投资水平的影响

企业投资决策的影响因素一直是学者们热议的公司财务问题。传统公司财务研究主要从企业内部出发，重点关注委托代理和信息不对称等问题对企业投资的影响。随着研究的进一步深入，学者们发现企业外部的资本市场也会对企业投资产生影响（Baker，2009），企业的投资与其股票价格是紧密相连的，即企业投资水平与自身股价呈现正相关关系（Baker et al.，2003；张晓宇等，2017），这些研究主要涉及股票的融资功能。

此外，学者们还发现公司股票价格的错误定价也会影响企业投资决策（Stein，1996；Warusawitharana and Whited，2015）。国外的研究，如 Chaney 和 Lewis（1995）发现股价被高估将降低企业的融资成本，进而影响企业的投资行为；Chang 等（2007）基于澳大利亚资本市场的实证研究表明，股价被高估时企业倾向于过度投资；Polk 和 Sapienza（2009）认为股价被高估的企业倾向于进行更多投资。国内的研究，如李君平和徐龙炳（2015）发现上市公司股价的错误定价对公司投资具有显著的正向影响；王生年等（2018）发现股价高估与过度投资呈正相关关系，与投资不足呈现负相关关系。

传统理论认为，企业的投资和股票价格的紧密联系是因为股票价格理性地反映了资本的边际产出（Tobin，1969）。然而随着行为金融的发展，学者们认为金融市场对实体经济的影响主要通过股票价格的信息功能实现，即由于知情交易者的存在，股票价格中包含诸多有用的私有信息，有助于管理层获知本身没有掌握的企业未来前景信息，推断企业未来的发展机遇和投资机会，从而优化和改变企业的投资决策（Bond et al.，2012）。

二 股市中的投资者财富效应

关于股市中的投资者财富效应的研究，主要集中在对股票市场是否存在财富效应的研究上，但结论不尽相同。一些学者认为股市存在财富效应（Cho，2006；王虎等，2009；胡永刚、郭长林，2012），但也有学者持相反观点（卢嘉瑞、朱亚杰，2006；唐绍祥等，2008），这方面的文献侧重于研究股票价格的变动是否会影响投资者消费。此外，还有学者研究股价波动对投资者福利效应的影响（李乃虎，2012），股价波动导致的福利效应涵盖了其财富效应，能够更加全面地反映由股价波动给投资者带来的影响效应。

第四节 促进股市稳定健康发展的相关研究

股市的稳定健康发展对经济社会发展有重要作用，因此深入研究如何预测和防范股市的不稳定性，提高金融效率和保障金融安全，不仅对于股市的健康发展具有深远的意义，而且对于经济社会的健康发展也具有深远的意义。

一 内幕交易识别机制

由于各国证券市场的内幕交易频繁发生，不利于股市的稳定健康发展，所以，一直以来内幕交易的识别问题都是证券市场的难题，学者们对此已经进行了大量的探索。Summers 和 Sweeney（1998）对内幕交易的识别机制进行探索，从财务虚假陈述的角度建立了一个内幕交易的判断体系，但该方法的正确判断率仅为 56%~60%。张宗新等（2005）以收益率、β值、流动性指标等作为内幕交易的识别指标，采用决策树模型对内幕交易进行识别，取得了较好的识别效果。进一步地，张宗新（2008）在改进的 Logistic 识别模型的基础上引入了神经网络模型，使得内幕交易的识别效果得到一定程度的提高。此外，许永斌和陈佳（2009）通过选取公司治理变量和市场变量，利用 Logistic 和 BP 神经网络模型对内幕交易进行识别并比较这两种模型的识别效果，研究发现 BP 神经网络模型的识别能力更强。宋力和刘焕婷（2012）从财务状况、股票表现、治理结构三方面选取了 59 个识别指标，利用 Logistic 模型对内幕交易进行识别，发现利用超常累计收益率等 7 个指标进行模型回归的识别效果比较理想。沈冰和赵小康（2016）利用支持向量机模型对内幕交易进行识别，研究结果表明，该模型总体识别准确率达到了 86.18%，模型的识别效果比较理想。

二 促进股市稳定健康发展的对策建议

金融市场制度安排不合理和特殊合约关系不正常是我国股市异常脆弱的根源所在（伍志文，2002）。一方面，由于不同企业披露信息的主动性、公平性、准确性、完整性和具体程序以及该信息的传播方式各不相同，不同投资者获取信息的时间与内容往往存在不一致；另一方面，由于不同投资者本身能力的差异，他们搜集、处理和加工信息的能力不同，这必然造成他们获取信息时存在时滞以及对信息的解释存在差异。以上的原因导致了不同投资者获取信息的数量和质量均不同，比如机构投资者与其他投资者了解信息的不对称，知晓内幕信息的交易者与普通投资者的信息不对称，等等。在此背景下，普通投资者无法进行独立的判断和形成理性的决策，往往会对群体形成依赖，采取羊群行为，特别是会盲目跟随机构投资者的投资步伐，最终导致股票市场中的投资者对某只股票或者整个股市一致地看多或者看空，股票市场出现同向买卖，造成股价的单边走势。

鉴于此，完善证券市场的信息披露制度以及提高股票市场的透明度以减弱股票市场的信息不对称性，促进股票市场信息顺畅传递，是稳定股市的重要举措。Chiyachantana 等（2004）的研究表明，美国证监会在 2000 年 10 月颁布的《公平披露规则》切断了选择性进行信息披露的可能，市场信息不对称情况得到改善。实证表明，在规则实施之后，在上市公司的盈余公告发布之前机构投资者的交易量和交易频数显著地减少了，反之中小投资者的交易表现得更为活跃。Barth 等（2012）通过对 2008 年全球金融危机进行分析后认为，金融机构过度投机和其他不计后果的行为是危机产生的原因，同时，这也反映了监管体系的失灵和监管者的不作为是导致股市不稳定的因素。国内的研究也验证了以上结论，朱爱萍（2012）通过实证研究发现，深圳证券交易所在 2006 年 8 月发布了《深圳证券交易所上市公司公平信息披露指引》之后，与随机期相比，在 A 股上市公司盈余公告发布前股票的交易活跃度以及买卖价差都显著下降，表明 A 股市场的信息泄露水平已有所下降，信息不对称程度也有所下降，该公平信息披露指引发挥了积极的作用。叶康涛等（2015）认为，内部控制信息披露可以缓解公司内外信息的不对称，据此，投资者可以适时知悉公司内控情况，制定恰当的投资策略，通过将公司的真实业绩在股价中客观地反映出来，降低股价暴跌的可能性。因此，他们认为内部控制信息的披露有助于降低股价暴跌的风险。

机构投资者结合其专业的投资能力和更加广泛畅通的信息获取渠道可以改善股市信息的不对称程度，因此，有学者建议要引入更多的机构投资者以降低股市的信息不对称进而维持股票市场的稳定。蔡庆丰和宋友勇（2010）认为由于道德风险或者激励模式的影响，"稳定市场"不会成为基金"自觉"或"自发"的行为目标。他们提出加强治理和监督以减少道德风险的发生、提升基金规模以及持股比例、培养基金投资者的长期投资理念三条建议以促进机构投资者更好地发挥稳定市场的作用。蔡庆丰等（2011）认为，现阶段我国的机构投资者呈现一种"一基独大"的格局，基金持股占所有机构投资者持股总市值的近 75%，这种局面使得基金在投资风格和投资策略趋同的情况下容易造成股市的不稳定，因此他们建议必须加快对机构投资者结构的优化。陶可和陈国进（2012b）研究认为，机构投资者在股市泡沫前期和后期的有限理性要高于一般投资者，机构投资者能够选择在高位卖出股票，这有利于股价回归均衡。张宗新和王海亮（2013）认为，现阶段公募基金还没能够发挥稳定股市的作用，为稳定股市要加强对其投资行为的规范，重点避免投资者主观信念的非理性过度调整引发的对股市的异常冲击，积极引导投资者形成价值投资的理念，抑制投资者产生的非理性追涨杀跌情绪动能。吴井峰（2015）研究表明，上市公司的机构投资者持股比例越高或者跟踪研究的分析师越多，该公司股票的信息不对称程度就越低，直接体现在该公司定向增发的价格折扣率显著降低上。

　　股票市场的脆弱性主要反映在股价的非正常波动或脱离实体经济运行、股票市场对外部冲击的自平衡能力较低上，会使股票市场的风险不断累积（刘钊，2009），因此，加强对上市公司的监督有利于降低个股风险。王化成等（2015）通过研究第一大股东持股比例和个股暴跌风险之间的关系发现，大股东可以通过"监督效应"① 和"更少的掏空效应"② 降低个股发生暴跌的风险。

第五节　潮涌现象和物理共振相关研究

一　潮涌现象相关文献回顾

　　潮涌现象③是林毅夫（2007）基于中国经济的实际发展情况提出的，国外的相关文献较少，国内学者主要从潮涌现象影响机制、潮涌现象与通货膨胀和产能过剩的影响关系两方面进行研究。对潮涌现象影响机制进行探讨的文献有：林毅夫等（2010）在林毅夫（2007）的研究基础上探讨了"潮涌现象"产生的微观理论基础；张成思等（2013）基于资本轮动下的行业潮涌视角构造了通货膨胀的理论模型，并探讨了其背后的驱动机制。

---

① "监督效应"是指随着大股东持股规模的不断扩大，大股东有动机约束管理层的机会主义行为。

② "更少的掏空效应"是指大股东持股比例的扩大导致其和众多的小股东具有共同的利益，大股东的掏空动机减弱。

③ 林毅夫（2007）基于发展中国家和发达国家的企业对国民经济产业升级时下一个新的、有前景的产业存在于何处持有不同看法，首次提出投资的"潮涌现象"的概念。鉴于发达国家几乎所有产业都已经处于世界产业链的最前沿，在这种情况下每个企业对于国民经济中下一个新的、有前景的产业存在何处看法不同，不会产生社会共识，与此同时政府也不可能拥有比企业更准确的信息。鉴于此，林毅夫认为以发达国家的经济现象为主要研究对象的现有宏观经济学理论暗含着在国民经济产业升级时每个企业对于下一个新的、有前景的产业存在何处是没有共识的前提，然而该暗含前提在发展中国家是不成立的。因为对于一个处于快速发展阶段的发展中国家而言，在产业升级时，企业所要投资的是技术成熟、产品市场已经存在、处于世界产业链内部的产业，企业很容易对哪一个产业是新的、有前景的产业产生共识，投资上容易出现"潮涌现象"，即许多企业的投资像波浪一样，一波接着一波地涌向相同的某个产业。

对潮涌现象与通货膨胀和产能过剩的影响关系的研究有以下几个。万光彩等（2009）、张倩肖和董瀛飞（2014）的研究均表明潮涌现象会导致严重的通货膨胀和产能过剩。付才辉（2016）探讨了在政府实施积极的发展政策组合下，潮涌现象和产能过剩的关系。马波（2011）、夏美华（2013）和张晖（2013）分别探讨了中国旅游业、中国图书出版行业和中国新能源产业的潮涌现象与产能过剩的关系。

二 物理共振相关文献回顾

物理共振在金融领域的应用文献有以下几个。Rajan（2006）通过对比物理力学中摆动和共振与金融市场遭遇冲击时的反应机制之间的相似性，借鉴物理学中的共振概念对金融市场失灵以及监管进行深入探讨。李建华（2010）将"共振效应"引入金融市场的研究，提出主观波动性和客观波动性的概念，指出当主观波动性与客观波动性的频率相一致时，就会出现共振现象，并认为微观层面上的投资者对于市场信息的认知偏差，是诱发宏观层面上的股市"共振效应"的根本原因。申铉松和陈仲悦（2012）以伦敦千禧桥（London Millennium Bridge）在刚刚通行很短的时间内便开始剧烈地摇晃，进而被关闭了18个月为例，说明了在市场失灵的情况下金融风险是如何集聚和自我放大的。正如我们所知的士兵在过桥之前要打乱步伐，对于成千上万在桥上随机行走的行人来说，一个人向右摆动应该与另一个人向左摆动相互抵消。分散化原理表明，足够多随机行走的行人一同在桥上行走是保持桥梁平衡受力的最佳方法。然而，当桥受到外力冲击时（如一阵微风），桥上的行人便会对桥的移动方向做出反应，行人为了保持身体平衡，最自然的反应就是一同调整姿势，然而这种同步活动再一次推动了桥的移动，周而复始，桥的振幅就会越来越大，最后桥有可能会坍塌。从以上的描述中可以发现，桥的摆动一旦形成就会持续并自我强化。同样地，投资者可以类比为桥上的行人，资产标的物价格的变动可以类比为桥自身的摆动。投资者如果能够随机分散化投资，那么资产标的物价格就不会出现大的波动。然而，当资产标的物价格下降时，投资者们往往一同抛出该资产，导致流动性灾难的发生，资产标的物的价格上升情况同理。工程师发现伦敦千禧桥上行人的临界点是160人，160人以下形成的摆动效应不会对桥造成伤害，桥也没有显著的表现，而当人数超过160人以后，桥的振幅就开始增大。金融市场也存在流动性的临界点，往往非常难观察到，但可以总结为两点：第一点，在这个临界点以下，金融市场运行良好，冲击能够被吸收，在市场调节功能的作用下波动会随之减弱；第二点，当超过这个临界点之后，原本能组成良性循环以促进金融市场稳定的所有因素，现在则共同对金融市场进行破坏，从而增加了金融市场的风险和波动。

第六节　文献评述

综观上述的文献，现有学者已经就相关方面的研究进行了许多有益且深入的探讨。对于以上的文献，可以总结出以下三项共同点。第一，研究目标明确并且实证研究极其丰富。无论是国外还是国内的文献均将研究目标聚焦在机构投资者的投资行为对股市稳定性的影响上，虽然无法得出一致的结论，但是学者们从不同角度出发，运用了较多的计量经济学方法展开了实证研究。既有从横截面角度展开的分析，也有运用时间序列，甚至是面板数据展开的分析。第二，研究结论既有差异又有共性。虽然不同类型的机构投资者行为对股市的影响不尽相同，在不同市场状况下也有所差异，但是上述文献的研究结果均认为机构投资者的投资行为对股市存在影响，并且这种影响往往是巨大的。第三，研究趋于细化和深化。随着时代的发展，各国的股票市场和机构投资者均得到了不同程度的发展，对机构投资者的投资行为对股市稳定性影响的研究也不断地细化，越来越多的文献将研究目标区分为不同国别的股票市场、不同股市阶段、不同类型的机构投资者及其差异化的投资行为。同时，对机构投资者对股市不稳定性影响的内在机理也进行了深入的研究，特别是从行为金融角度分析的文献明显增加。

对比上述文献，在股市的发展历程和实证研究方法的运用上国内外研究还是具有差异的，具体体现在以下几点。第一，研究的时间跨度差异。国外发达国家的股票市场和投资者已经过上百年的发展，因此，外国学者可以利用较长年限的数据来研究机构投资者投资行为对股市稳定性的影响。而反观我国的股票市场和机构投资者才经历了 30 多年的发展，很明显，国内研究的时间跨度要远短于国外研究。第二，股市的独特性和机构的差异性。对于以美国为代表的成熟股票市场，一方面，它们的资本市场监管力度强、对上市公司会计信息披露要求高、相关信息的公开化程度高，另一方面，它们股市的转市和退市机制完善，机构投资者优势明显，以机构投资者为主，整体的投资水平和理性程度较高。而我国股市目前还不具备成熟的转市和退市机制，并且资本市场的监管力度较薄弱、对上市公司会计信息的披露要求不高、相关的投资信息公开化程度低。机构投资者的专业投资能力还有待提高，投资业绩得不到市场的认可，股市以较不理性和投资能力较低的中小散户投资者为主。第三，国内的文献在实证方法和理论解释上具有滞后性。国外的研究无论是在实证方法还是在理论解释上一般都会领先于国内的研究，国内大多数相关文献或是直接借用或是适当改进国外的实证方法和理论解释后，便直接套用到对我国机构投资者投资行为对股市影响的研究上，创新的方法和理论相对较少。

由以上的分析可知，现有文献已经对机构投资者的投资行为对股市稳定性的影响进行了深入而详细的探讨，但通过对现有文献的梳理，本书认为现有研究还存在以下的不足之处。

第一，鲜有文献针对机构投资者的投资行为，特别是基金的投资行为导致个股股价暴涨暴跌的现象进行研究。现有文献主要研究基金的持股集中度、行业集中度、持股量和持股比例以及羊群行为对整体股市稳定性的影响，被解释变量主要是整个股市的波动性或者是特定股票指数。譬如谢赤等 (2008) 研究我国证券基金的投资行为对整个股市波动性的影响，薛文忠和何中伟 (2012) 研究了基金的相对规模对上证综合指数收益率的影响。由于现有文献未能就基金的投资行为对股市稳定性的影响得出一致的结论，所以，本书不再研究基金整体对股市稳定性的影响，而是转向微观层面的研究，即基金投资行为对个股股价的影响。当然也有少量文献已经从个股层面研究了机构投资者是否推动了个股股价的暴涨暴跌，如陈国进等 (2010) 从市场和个股两个层面检验了机构投资者对股市暴涨暴跌现象的影响，研究表明，在市场和个股两个层面上机构投资者都是股市暴涨暴跌的助推器。然而与该文献不同的是，本书将研究对象限定在基金的投资行为是如何导致个股股价的暴涨暴跌的，并将这种现象定义为"基金投资潮涌"，重点论证基金经理整体对个股的价值认同感和个股股价客观波动发生共振的内在机理，并进一步分析"基金投资潮涌"对各个市场主体的负面影响，最后研究"基金投资潮涌"的预测模型和提出防控对策建议。

第二，鲜有研究将潮涌现象和物理共振融入基金投资行为影响股价暴涨暴跌的理论模型中。Sornette（2014）在总结物理学理论在金融学中的应用后，认为现代物理学的建模方法能够有效地帮助金融学突破模型发展的瓶颈。Rajan（2006）通过对比物理力学中摆动和共振与金融市场遭遇冲击时的反应机制之间的相似性，借鉴物理学中的共振概念对金融市场失灵以及监管进行了深入探讨。李建华（2010）将"共振效应"引入金融市场的研究，提出主观波动性和客观波动性的概念，指出当主观波动性与客观波动性的频率相一致时，就会出现共振现象，并认为微观层面上的投资者对于市场信息的认知偏差，是诱发宏观层面上的股市"共振效应"的根本原因。虽然李建华（2010）建立了理论和计量模型，但该模型针对股市所有的投资者，而且该模型没有涉及投资者的投资意愿。综上，现有文献还鲜有将投资潮涌和物理共振应用到基金投资行为分析中的，针对现有文献的不足之处，本书将融合行为金融、潮涌现象以及物理共振模型的思想来阐释基金投资潮涌的发生机制。

第三，现有文献未进一步区分基金经理个体和基金经理整体的理性程度。早期的文献假设机构投资者都是理性的，有相同的市场信念，拥有一致的市场预期，但这一点在现实市场是不可能的；随着时间的推移，又有学者认为机构投资者并不能获取比个人投资者更高的超额收益率，并且其投资决策常常出现行为偏差和羊群行为，因此他们认为机构投资者是非理性的；随着行为金融的提出，学者们认为机构投资者是有限理性的（Long et al.，1990；邵晓阳等，2005）。然而现有文献没有进一步区分基金经理个体和基金经理整体的理性程度。基金经理由于具有捕捉到准确的投资机会的优势，往往能够进行知情交易（Barclay et al.，1990；Sias et al.，2001；陶可、陈国进，2012a），但其投资决策过程受可得性偏差、代表性直观推断、过度自信和以自我为中心等行为偏差的影响，将形成主观的投资信念，因此基金经理在个体层面上是有限理性的（Verma and Soydemir，2006）；当所有捕捉到该机会的基金经理都形成各自的主观投资信念后，基金经理将形成整体的价值认同感，如果基金经理整体的价值认同感较高，基金经理整体的这种情绪会影响资产定价（Baker and Wurgler，2006；Smith et al.，2014），他们将一致买入或卖出同一投资标的，进而导致该资产价格出现暴涨暴跌，此时基金经理在整体层面上呈现非理性状态。

第四，现有实证研究将基金的持股量作为解释变量可能会导致数据失真。现有文献一般选取基金的持股量作为解释变量（Sias et al. 2006；胡大春、金赛男，2007；张宗新、王海亮，2013；李志洋、杨万成，2014），认为基金仓位在一定程度上可以代表机构投资者的信念（张宗新、王海亮，2013）。然而，限于现有的数据披露制度，能够获取到的基金持股最高频数据即为上市公司披露的季度报告中的数据，考虑到基金出于隐藏交易等原因可能会利用季报的窗口期对交易数据进行粉饰，如在报告发布之前特意减少某些股票的持有量，此时再使用持股量作为解释变量，所获得的数据不可避免地会失真。一般情况下，基金会在股价没有异动的时候就开始进行增股操作，当股价出现大幅上涨时，股价已充分反应利好消息，此时基金对该股票的评级会变得谨慎，并且常常在股价的高位抛出部分股票，及时锁定收益，因此基金整体的持股量并不能反映基金经理整体的情绪变化。也有文献如刘奕均和胡奕明（2010）利用机构投资者数量作为解释变量，研究发现，持有某只股票的机构投资者数量越多，该股票股价的波动就越剧烈，但是他们将该现象归结于机构投资者在交易方向上的同向性以及共同运用正反馈的交易策略。

越来越多的实证研究表明，较高的投资者注意力和关注会导致较高的股市波动（Zhi et al.，2011；Andrei and Hasler，2014；Ruan and Zhang，2016），由于拥有专业的研究团队来帮助机构投资者做决策，所以注意力和关注并不是机构投资者的稀缺资源（Barber and Odean，2008），他们拥有非常高的技能来更新数据，因此基金经理等机构投资者是高关注和高注意力的交易者（Zhi et al.，2011；Ding and Hou，2015）。另外，知情交易对股价的影响将随着知情交易者数量的增加而增强，并且股价波动与机构投资者数量的正相关性强于股价波动与机构投资者的持股量的正相关性（Back et al.，2000）。因此，本书认为可以用持有某只股票的基金数量的季度增长率来表征基金经理的关注和注意力，持有某只股票的基金数量的季度增长率越大，表示基金经理的关注和注意力越高。基金经理在这种知情交易下的高关注和高注意力情绪将推动股票资产定价（Baker and

Wurgler, 2006; Smith et al., 2014), 从而导致个股股价暴涨暴跌。

第五, 现有关于股价对企业投资影响及其作用机制的文献已较为完善, 但大多从股票的融资功能出发考察股价与企业投资水平的关系, 缺少对股票其他功能的分析, 并且鲜有文献对个股发生基金投资潮涌事件是否会影响企业投资及其影响路径进行研究。鉴于近年来个股发生基金投资潮涌事件的金融异象日益常见, 对于我国这样一个相对不成熟的股票市场, 个股发生基金投资潮涌事件导致的股价暴涨暴跌对企业投资水平的影响和股价对企业投资水平的影响是同等重要的。基于此, 本书在研究个股发生基金投资潮涌事件导致的个股股价暴涨暴跌对企业投资水平的影响时, 从管理层工资率变动和有限关注转移两方面同时考察了股票的提供激励和深化分工协作功能。

第六, 由于个人投资者在专业知识和经济实力等方面与机构投资者存在差距, 所以在股票市场中个人投资者往往处于绝对劣势地位, 很容易成为机构投资者 "收割" 和 "蚕食" 的对象, 导致个人投资者的投资遭受损失, 福利水平急剧变化。这不仅会影响他们的市场信心, 还不利于股票市场的稳定。在股市 "妖股" 横行、个股股价暴涨暴跌的情况下, 对个人投资者福利效应造成损失的不仅是股价的变动, 其持股量变动也是一个不可忽视的重要因素。然而, 现有研究投资者福利效应的文献一般假设投资者的持股量保持不变, 只进行股价变动的福利效应分析 (李乃虎, 2012), 这不能全面地解释投资者福利效应的变动, 只有综合股价波动和持股量变化两个指标才能合理有效地测算出投资者的福利水平变动。基于此, 本书将考察基金投资潮涌背景下个股股价和持股量同时变化对个人投资者福利水平变动的影响。

第七, 现有文献缺少对抑制股市不稳定性措施的实证分析, 且给出的建议以宏观层面的建议为主, 较少微观方面的建议。譬如金融市场制度安排不合理和特殊合约关系不正常是我国股市异常脆弱的根源所在 (伍志文, 2002)、监管体系的失灵和监管者的不作为是导致股市不稳定的因素 (Barth et al., 2012)、内部控制信息的披露有助于降低股价暴跌的风险 (叶康涛等, 2015)。当然也有部分学者开始对抑制股市不稳定性措施进行实证分析。如朱爱萍 (2012) 通过实证研究发现, 深圳证券交易所在 2006 年 8 月发布了 《深圳证券交易所上市公司公平信息披露指引》之后, 与随机期相比，在 A 股上市公司盈余公告发布前的股票交易活跃度以及买卖价差都显著下降，这表明 A 股市场的信息泄露水平已有所降低，信息不对称程度也有所降低，该公平信息披露指引发挥了积极的作用。为丰富对抑制股市不稳定性措施的实证研究，本书将利用基于遗传算法的极限学习机模型（GA-ELM），对我国基金投资潮涌进行预测，并在实证研究的基础之上提出基金投资潮涌防控的对策建议。

第八，现有文献的实证研究方法比较滞后，未能及时将最新的计量模型运用到机构投资者投资行为对股市稳定性影响的实证研究中。本书的实证研究将引入如模糊断点回归设计、倾向得分匹配-双重差分法（PSM-DID）等较为前沿的计量模型和基于遗传算法的极限学习机模型（GA-ELM）。

第三章
基金投资潮涌的机理分析
和实证检验

第一节　理论基础

一　潮涌现象

　　林毅夫（2007）基于发展中国家和发达国家的企业对国民经济产业升级时下一个新的、有前景的产业存在于何处持有不同看法，首次提出投资的"潮涌现象"。鉴于发达国家几乎所有产业都已经处于世界产业链的最前沿，在这种情况下，每个企业对于国民经济中下一个新的、有前景的产业存在何处看法不同，不会产生社会共识，与此同时政府也不可能拥有比企业更准确的信息。鉴于此，林毅夫认为，以发达国家的经济现象为主要研究对象的现有宏观经济学理论暗含着在国民经济产业升级时每个企业对于下一个新的、有前景的产业存在何处是没有共识的前提的，然而该暗含前提在发展中国家是不成立的。因为对于一个处于快速发展阶段的发展中国家而言，在产业升级时，企业所要投资的是技术成熟、产品市场已经存在、处于世界产业链内部的产业，企业很容易对哪一个产业是新的、有前景的产业产生共识，投资上容易出现"潮涌现象"，即许多企业的投资像波浪一样，一波接着一波地涌向相同的某个产业。此现象会带来产能过剩以及相关的一系列问题。例如，在每一波潮涌现象开始出现时，每个企业对其所进行的投资都有很高的回报预期，金融机构在羊群行为的影响下也乐意给予这些投资项目金融支持。可是等到所有企业的投资完成后，不可避免地将出现产能严重过剩、企业大量亏损破产、银行呆坏账急剧增加的严重后果。而且，即使在现有的产业已经产能大量过剩、出现通货紧缩的情况下，对下一个新产业投资的"潮涌现象"也可能继续发生。

二 物理共振

在物理学中，当驱动力的角频率与振动系统的固有角频率接近时，驱动力在整个周期内对振动系统做正功，因此提供给振动系统的能量最多，受迫振动的振幅也最大，这种在周期性外力的作用下，振幅达到最大值的现象被称为共振（梁荫中等，2006）。当受迫振动达到稳定状态时，其振幅的数学公式为：

$$A = \frac{\dfrac{F_0}{M}}{\sqrt{(\omega^2 - \omega_0^2)^2 + 4\tau^2\omega^2}} \tag{3.1}$$

其中，A 为振幅，F_0 表示弹簧的作用力，M 为振动系统中弹簧振子的质量，ω 为驱动力角频率，ω_0 为振动系统的固有角频率，τ 为阻尼系数。由式（3.1）可知，振幅 A 是驱动力角频率 ω 的函数，图3.1画出了在不同阻尼系数 τ 下 A 与 ω 的关系曲线。当驱动力角频率 ω 与振动系统的固有角频率 ω_0 相差较大时，受迫振动的振幅 A 是很小的；当 ω 接近于 ω_0 时，A 迅速增大。当驱动力角频率 ω 与振动系统的固有频率 ω_0 接近时，驱动力在整个周期内对振动系统做正功，因此提供给振动系统的能量最多，受迫振动的振幅也最大，在这种周期性外力的作用下，振幅达到最大值的现象称为共振（梁荫中等，2006）。

三 行为金融相关模型和理论

1. HS 模型

Hong 和 Stein（1999）构建了 HS 模型（也被称为统一理论模型），对

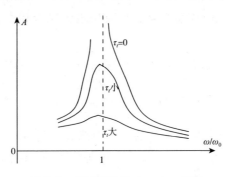

图 3.1　受迫振动的 A-ω/ω_0 曲线

两个由有限理性投资者所组成的群体（"消息观察者"和"动量交易者"）的相互影响对股票价格的作用进行了分析。HS 模型由两部分组成，一是只有"消息观察者"的模型，二是在前一模型的基础上加入"动量交易者"的模型。考虑到下文的理论分析借鉴了只有"消息观察者"的模型，因此，只对只有"消息观察者"的模型进行介绍。

假设在 t 时期，"消息观察者"对一只股票进行交易，股票在一个较迟的时期 T 支付清偿性的股利，最终的股利支付价值记为：

$$D_T = D_0 + \sum_{j=0}^{T} \varepsilon_j \tag{3.2}$$

其中，D_T 为 T 期的累计股利，D_0 为 0 期的股利，ε_j 为 j 期的股利，ε_j 为满足均值为零、方差为 σ^2 的独立正态分布随机变量。同时，将投资者分成 z 个相等规模的组合，那么股利的变化 ε_j 可以表示成 z 个相同的方差 σ^2/z 的独立子集，记为：

$$\varepsilon_j = \varepsilon_j^1 + \varepsilon_j^2 + \cdots + \varepsilon_j^z \tag{3.3}$$

信息随时间变化扩散，从 t 时期开始，在 t 时期，第一组"消息观察者"观察到 ε_{t+z-1}^1，第二组"消息观察者"观察到 ε_{t+z-1}^2，以此类推，第 z 组"消息观察者"观察到 ε_{t+z-1}^z，即在 t 时期，每组"消息观察者"都观察到 ε_{t+z-1} 的 $1/z$ 的变化。到了 $t+1$ 时期，信息在各组之间进行循环交换，最终使得 ε_{t+z-1} 在 $t+z-1$ 时期成为公开信息。在此，z 表示信息的传播速度，z 越大表示信息的传播速度越慢。同时，假设所有的"消息观察者"具有相同的风险厌恶函数和风险厌恶参数，以及假设无风险利率为0，资产的供给为固定值 Q。

那么，在只有"消息观察者"的模型中，t 时期的股票价格为：

$$P_t = D_t + [(z-1)\varepsilon_{t+1} + (z-2)\varepsilon_{t+2} + \cdots + \varepsilon_{t+z-1}]/z - \theta Q \qquad (3.4)$$

其中，θ 为"消息观察者"的风险厌恶和 ε 的方差的函数，可将 θ 设为1，以简化式（3.4）。式（3.4）表明新信息在 z 个阶段中线性地融入股价中。

2. 行为金融相关理论

可得性偏差（Availability Heuristic），也被称为易得性偏差，是启发式偏差的一种，是指人们往往根据认知上的易得性来判断事件的可能性。如投资者在决策过程中过于看重自己知道的或容易得到的信息，而忽视对其他信息的关注，对信息不进行深度发掘，从而造成判断的偏差。

代表性直观推断（Representative Heuristics），是指行为人倾向于把某一事物或事件视为某个特殊类别的代表，而经常忽略事件进程中的概率规律。以概率论来描述即行为人以以往类似事件为依据，忽视了该次事件的先验概率，导致其直观推断与根据 Bayes 法则得到的结论不一致。

过度自信和以自我为中心，过度自信是指行为人往往过于相信自己的判断力，高估自己成功的机会；以自我为中心是指只从自己的经验和角度去认识事物，不大理会旁人的意见。

第二节 基金投资潮涌机理分析和定义

本部分将进行基金投资潮涌的机理分析，分析框架如图3.2所示。首先，对基金经理可以提前获取信息以及隐藏交易的假设进行理论分析，这是发生基金投资潮涌现象的两个基础条件；其次，分别从基金经理的行为偏差、基金经理个体主观投资信念的形成、基金经理整体的价值认同感的形成、个股股价的客观波动以及基金经理整体的价值认同感与个股股价的客观波动的共振效应等方面进行理论阐释。

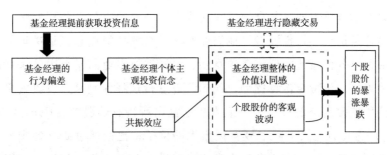

图 3.2　基金投资潮涌分析框架

一　基金经理提前获取投资信息

研究表明基金经理可以提前获取投资信息（Cohen et al.，2010；罗荣华等，2011），并且该信息可以带来显著的超额收益（申宇等，2013）。首先，从基金经理个人层面来说，他们相比于个人投资者具有收集、整理和加工信息的优势以及资金优势，可以准确迅速地获取政策性（产业政策）事件、突发事件、投资热点、企业出台的相关公告等公开或半公开的投资信息（如业绩大幅提高、签订重大项目合同、资产重组、大比例送转等重大的信息）（蔡庆丰等，2011）。其次，从基金公司层面来说，基金公司通过购买或者游说也可以提前获取政治信息和相关情报。在我国，证券分析师往往会将研究报告的核心内容通过电话沟通或者路演等方式率先提供给机构投资者，再通过万德（Wind）等收费数据库向市场发布，之后可能被某些媒体网站刊载供散户投资者免费下载，这一信息扩散模式使得利好消息在市场上公开之前，股价往往已经由于机构投资者的事先买入而上涨（即相关信息已反映到资产价格上）（蔡庆丰、陈娇，2011）。基金经理往往是在证券分析师研究报告的基础上进行信息再处理，形成投资决策后再进行市场交易（蔡庆丰等，2011）。另外，美国的对冲基金可以与政府游说者交易以提前获得正在进行或者即将来到的政府行为的信息。因为许多游说者本身就是前立法委员，他们经常与立法者进行交流，可以提前获得政治信息和相关情报（Gao and Huang，2016）。我国的一些基金公司也会聘请离任政府官员来当首席经济学家，很大程度上也是看中其经历以及较强的预测能力。

以上的分析表明，基金经理在获取上市公司特定信息和私有信息方面的能力显著优于个人投资者，他们拥有非常高的技能更新投资决策数据并且能够通过各种渠道印证信息的真伪，以及拥有专业的研究团队来帮助他们做决策。基于特定信息优势，他们可以进行选择性交易，将投资更多地分配到所挖掘出来的股票上，或者提前抛出所持有的股票。Han 和 Chung（2013）为我们提供了一个极富说服力的例子，他们通过研究韩国发生兼并时不同类型投资者的投资行为发现，以证券基金为代表的机构投资者能够在一个糟糕的并购宣布的前后卖掉该公司的股票，而个人投资者仍然会继续购买该公司的股票。这表明，相对于个人投资者，以证券基金为代表的机构投资者能够获取更加专业的信息以及具有专业的投资能力。基于以上的分析，本书假设在基金投资潮涌中，基金经理可以提前获取信息。

同时，以上的分析也表明了本书的基金投资潮涌与真羊群行为的区别。在本书的基金投资潮涌中基金经理是能够获取投资信息的，而在真羊群行为中投资者在做决策时没有获取信息或者忽略自己的私有信息，直接跟从他人的投资行为，是一种非理性的盲从。

二 基金经理的隐藏交易

上文的分析表明基金经理能够提前获取投资信息，同时现有研究认为，拥有私有信息的投资者往往会在交易信息完全披露之前逐渐进行交易（Kyle，1985；Admati and Pfleiderer，1988），并且知情度更高的机构投资者能够进行选择性交易（Li et al.，2016），倾向于对特定股票或特定股票群体进行更多的交易，以利用信息不对称（Campbell et al.，1993；He and Wang，1995）。而为了隐藏自己的知情交易，机构投资者在一段时间内一般会采取某种规模交易的投资策略，以不被关注以及降低交易成本（Barclay and Warner，1993）。譬如，Menkhoff 和 Schmeling（2010）的研究发现，越是拥有私有信息的机构投资者，他们的股票市场成交量越小，越倾向于进行隐藏交易，这样既能降低其交易成本，也能在短时间内对股市产生相对较小的冲击，不至于引起个人投资者的关注和跟风。因此，小额交易、多轮交易的交易策略将是基金经理的最优选择（Borghesi，2017）。

基于以上的分析，本书认为在基金投资潮涌中，基金经理在一段时间内（比如一个季度中）为了不被关注以及降低交易成本，将进行小额多轮的隐藏交易①。

三　基金经理整体的价值认同感和个股股价客观波动的共振效应

在基金经理提前获取投资信息和进行隐藏交易的假设下，本小节利用行为金融、潮涌现象和物理共振，在 Hong 和 Stein（1999）构建的 HS 模型基础之上，分别从基金经理的行为偏差、基金经理个体主观投资信念的形成、基金经理整体的价值认同感的形成、个股股价的客观波动以及基金经理整体的价值认同感与个股股价的客观波动的共振效应等方面进行理论分析和模型构建。

根据 Hong 和 Stein（1999）构建的 HS 模型，在 t 时期，基金经理们对一只股票进行交易，股票在一个较迟的时期 T 支付清偿性的股利，最终的股利支付价值可以写成：

$$D_T = D_0 + \sum_{j=0}^{T} \varepsilon_j \qquad (3.5)$$

其中，D_T 为 T 期的累计股利，D_0 为 0 期的股利，ε_j 为 j 期的股利，ε_j 为满足均值为零、方差为 σ^2 的独立正态分布随机变量。考虑 t 趋于无穷的情况，这样策略将不受距离期终日远近的影响，可以将问题简化为仅考虑稳定状态的交易策略，如式（3.6）所示。此时，当期的个股股价波动主要取决于 ε_t，下文将集中对 ε_t 进行讨论。

$$D_T = D_{t-1} + \varepsilon_t \qquad (3.6)$$

1. 基金经理的行为偏差和个体主观投资信念的形成

早期的文献假设机构投资者都是理性的，有相同的市场信念，拥有一

---

① 为规范证券投资基金信息披露活动，保护投资者及相关当事人的合法权益，《证券投资基金法》和《公开募集证券投资基金信息披露管理办法》对证券投资基金信息披露做了详细规定。基金经理进行小额多轮的隐藏交易的目的，一方面是降低交易成本，另一方面是不违反证券投资基金信息披露的相关法律法规。

致的市场预期，但这一点在现实市场是不可能的；随着时间的推移，又有学者认为机构投资者并不能获取比个人投资者更高的超额收益率，并且其投资决策常常出现行为偏差和羊群行为，因此他们认为机构投资者是非理性的；然而随着行为金融学的发展，学者们认为机构投资者是有限理性的（Long et al.，1990；邵晓阳等，2005）。虽然基金经理具有提前获取投资信息的优势，但由于受可得性偏差、代表性直观推断、过度自信和以自我为中心等行为偏差的影响，其将形成主观的投资信念，因此基金经理在个体层面上呈现有限理性（Verma and Soydemir，2006）。

　　基金经理获取投资信息后，在形成各自的主观投资信念的过程中，有可能出现以下的行为偏差。当获取投资信息后，基金经理的第一个行为偏差是可得性偏差，即基金经理容易回忆以前的类似经历。虽然提前获取了投资信息，但是在面对不确定的未来时，基金经理倾向于将当前情况同过去的类似情况进行比较，认为如果某种情况反复出现则具有一定的代表性。各个基金经理将从自己的记忆中提取相似的投资经历，并将该次投资根据自己熟悉的以往股票的信息进行类似的推理。基金经理的第二个行为偏差是代表性直观推断。基金经理的推断是以以往类似事件为依据，忽视了该次事件的先验概率，导致其直观推断与根据 Bayes 法则得到的结论不一致。在做出自己的推断后，基金经理的第三个行为偏差是过度自信和以自我为中心。他们往往忽视个体的差异性，认为其他基金经理也会做出与自己相同的推断。基金经理持续性的过度自信会导致他们主动承担更大的风险，从而偏离理性行为的轨道。在以上行为偏差的作用下，即使知道股价是随机游走的，基金经理仍认为股价是非随机的，是有规律可循的，并且认为其他基金经理也同自己一样可以把握这种规律，从而倾向于高估在某段时间内小概率事件的发生概率。基金经理在以上行为偏差的作用下，将形成对个股的个体主观投资信念。

　　为了分析基金经理在获得投资信息后，从个人行为偏差到对股票的个体主观投资信念形成的过程，假设 t 期有 z 个基金经理获取了该只股票的投资信息，并假设当期的股利 ε_t 可以分成 $z+1$ 独立的变化，前 z 个独立的变化具有相同的方差 σ^2/z，那么式（3.6）中的第 t 期的股利可写为：

$$\varepsilon_t = \varepsilon_t^{\ 1} + \varepsilon_t^{\ 2} + \cdots + \varepsilon_t^{\ i} + \cdots + \varepsilon_t^{\ z} + \varepsilon_t^{\ z+1} \tag{3.7}$$

其中，ε_t^i 表示第 t 期第 i 个基金经理对该只股票的预期股利。在此假设预期股利是随着基金经理个体主观投资信念增加而增大的单调递增函数，如式（3.8）所示：

$$\varepsilon_t^i = f_0(\omega_t^i) \tag{3.8}$$

其中，ω_t^i 表示第 t 期第 i 个基金经理对该只股票的个体主观投资信念。将式（3.8）代入式（3.7）可得式（3.9）：

$$\varepsilon_t = f_0(\omega_t^1) + f_0(\omega_t^2) + \cdots + f_0(\omega_t^i) + \cdots + f_0(\omega_t^z) + \varepsilon_t^{z+1} \tag{3.9}$$

其中，ε_t^{z+1} 表示除基金的作用以外其他因素对当期股利的影响，如个股客观波动与股市的其他利好和利空两类因素。从式（3.9）中可以发现，在 ε_t^{z+1} 一定的情况下，若第 t 期各个基金经理基于各种持有的投资信息的推断都形成对该只股票一致的买入（卖出）投资信念，就会导致 ε_t 受到一个大的正向（负向）股利冲击，并且该冲击随着 z 的增加而增大，即基金经理的人数越多该股利受到的冲击越大。当然在一般情况下，基金经理们不大可能形成完全一致的买入（卖出）投资信念，但如果绝大部分的基金经理可以形成一致的买入（卖出）投资信念，那么也会导致 ε_t 受到一个大的正向（负向）股利冲击；如果有一部分基金经理可以形成一致的买入（卖出）投资信念，而另外一部分基金经理可以形成一致的卖出（买入）投资信念，那么最终的股利冲击是这两股力量的差值。

2. 基金经理整体的价值认同感的形成

本部分研究转向基金经理们作为一个整体对个股的投资价值认同感，上文的分析表明基金经理们可以获取投资信息，虽然由于行为偏差无法完全理性地进行投资决策，但是相比于千差万别的个人投资者，他们往往更加关注同样的市场信息，采用相近的资产估值模型、信息分析方法和组合对冲策略（蔡庆丰等，2011）。因此，在众多的基金经理中仍然可能存在一部分基金经理会做出同样的投资决策。借鉴物理力学中力和合力的概念，即单个基金经理对个股的投资信念类似于单个力作用于物体，而基金经理整体的价值认同感则类似于所有作用于该物体的合力。基金经理整体的价值认同感是指，在某一时期所有基金经理对某只股票投资信念的合力。当大部分的基金经理是持有买入（卖出）的投资信念时，所形成的基金经理整体对该只股票的价值认同感就高（低），大部分基金经理将进行买入（卖出）操作。一方面，知情交易对股价的影响将随着知情交易者数量的增加而增大（Back et al.，2000），越多的基金经理的个人投资信念趋同，越会引起较大的个股涨跌幅；另一方面，群体心理认为具有相同的心理活动特征的人群形成的一个集合体被称为心理群体，同一心理群体具有一致性的心理活动（Le Bon，1963）。基金经理整体的价值认同感高（低）也反映出了基金经理是同一心理群体，具有一致性的心理活动，在一个阶段内他们关注相同个股的情况。同时，研究发现较高的投资者关注和注意力导致了较大的股市波动（Zhi et al.，2011；Andrei and Hasler，2014；Ruan and Zhang，2016）。因此，对于本书而言，基金经理整体的价值认同感越高（低），个股股价涨（跌）幅就越大。

将基金经理整体的价值认同感表示成式（3.10），基金经理整体的价值认同感（W_t）是各个基金经理个人投资意愿的增函数。各个基金经理个人投资信念越高（低）并且持该种投资信念的基金经理的人数越多，基金经理整体的价值认同感也就越高（低）。同时，将式（3.9）的基金经理个人的投资信念对股利的冲击修改为基金经理整体的价值认同感对股利的冲击，如式（3.11）所示，其中股利（ε_t）是基金经理整体的价值认同感（W_t）的增函数。

$$W_t = f_1(\omega_t^1, \omega_t^2, \cdots, \omega_t^z) \tag{3.10}$$

$$\varepsilon_t = f_2(W_t) + \varepsilon_t^{z+1} \tag{3.11}$$

3. 个股股价的客观波动

由于置身于整个经济系统中，个股股价本身也会受到如政策性（产业政策）事件、突发事件、投资热点、企业出台的相关公告等公开或半公开的投资信息（如业绩大幅提高、签订重大项目合同、资产重组、大比例送转等重大的信息）的影响而产生波动，这一波动具有客观性，本书称之为个股股价的客观波动。如果各种因素的合力是正向利好的，那么个股股价的客观波动即为正值，反之则为负值，下文用 $\overline{W}_t$ 表示。一般来说，个股股价的客观波动越大（低），个股股价涨跌幅就越大（小）。

4. 基金经理整体的价值认同感与个股股价的客观波动的共振效应

上文分析了个股股价既受基金经理整体的价值认同感的影响，又具有客观波动性，那么这两者的共同作用会对股价产生怎样的影响呢？一般情况下，如果基金经理整体的价值认同感与个股股价的客观波动相反，股价的波动将受到抑制；若两者相同，股价的波动将加剧。

此外，还可能出现特殊的现象，即发生共振效应。如果基金经理整体的价值认同感和个股股价的客观波动趋同，那么，基金经理的投资行为将不断地对个股股价做正功，从而使个股股价的波动幅度达到最大值，此时就称基金经理整体的价值认同感与个股股价的客观波动发生了共振效应。由于基金经理整体买入或者卖出意愿的不同即基金经理整体的价值认同感的不同，以及个股股价客观波动的差异，股价的波动有可能是正向的也有可能是负向的，即基金投资潮涌可以细分为正向和负向基金投资潮涌。[①]

基于以上分析，采用类比推理方法，将 t 期基金经理整体的价值认同感类比为物理共振的驱动力角频率，将 t 期个股股价的客观波动类比为振动系统的固有角频率，则可将股利预期表示成式（3.12）：

$$\varepsilon_t = \frac{\overline{\varepsilon_t}}{\sqrt{(W_t^2 - \overline{W_t}^2)^2 + (\gamma_t^2 - \overline{W_t}^2)^2}} \tag{3.12}$$

$$\overline{\varepsilon_t} = f_3(W_t, \overline{W_t}, \gamma_t) \tag{3.13}$$

$$\gamma_t = f_4(\gamma_t^1, \gamma_t^2, \cdots, \gamma_t^k) \tag{3.14}$$

$$\tau_t = \gamma_t^2 - \overline{W_t}^2 \tag{3.15}$$

其中，W_t 表示 t 期基金经理整体的价值认同感，$\overline{W_t}$ 表示 t 期个股股价的客观波动。γ_t 为除基金经理整体的价值认同感和个股股价的客观波动以外的其他影响股价波动的因素的函数，假设为单调递增函数，如式（3.14）所示，大体上可以分为利好和利空两类因素，利好因素与 γ_t 呈正相关关系，即利好因素导致 γ_t 值增大；利空因素与 γ_t 呈负相关关系，即利空因素导致 γ_t 值减小。$\overline{\varepsilon_t}$ 为 t 期客观股利预期的振幅，其表达式如式（3.13）所示，为单调递增函数，若 W_t、$\overline{W_t}$ 和 γ_t 的整体影响为正，那么该期的 $\overline{\varepsilon_t}$

[①] 在余下章节的理论和实证分析部分，本书会根据正向和负向基金投资潮涌进行分组讨论和实证检验。

为正值，反之则为负值。式（3.12）表明 t 期的股利既受 t 期客观股利预期的振幅的影响，又受 W_t 和 γ_t 与 $\overline{W}_t$ 数值大小关系的影响。鉴于本书的研究主题，将式（3.15）[①] 代入式（3.12），进一步将式（3.12）简化成式（3.16），以专注于讨论基金经理整体的价值认同感与个股股价的客观波动的共振效应。

$$\varepsilon_t = \frac{\overline{\varepsilon}_t}{\sqrt{(W_t^2 - \overline{W}_t^2)^2 + \tau_t^2}} \tag{3.16}$$

从式（3.16）可以发现，在 t 时期，在 $\overline{\varepsilon}_t$ 和 τ_t 不变的条件下，当 W_t 和 $\overline{W}_t$ 趋于一致时，即基金经理整体的价值认同感与个股股价的客观波动趋于一致时，$(W_t^2 - \overline{W}_t^2)^2$ 将趋于零，t 时期的股利冲击 ε_t 将增大，此时就称基金经理整体的价值认同感与个股股价的客观波动发生了共振效应。图 3.3 直观地展示了正向和负向基金投资潮涌中基金经理整体的价值认同感与个股股价的客观波动发生共振效应时对股价的冲击。

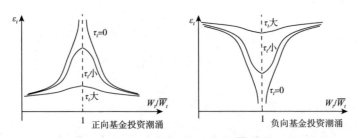

图 3.3 基金投资潮涌 $\varepsilon_t - W_t / \overline{W}_t$ 曲线

从图 3.3 中正向基金投资潮涌的 $\varepsilon_t - W_t / \overline{W}_t$ 曲线可以发现，当 W_t 与 $\overline{W}_t$ 的比值趋于 1 时，ε_t 的值最大，表明当基金经理整体对个股的高价值认同感与个股的客观波动频率趋于一致时，基金经理的持股行为会不断地对当期个股股利做正功，从而使个股股利正向的振动不断加强，并且随着 τ_t 的不同取值 ε_t 的振幅是不一样的，τ_t 越小，即其他影响因素越小，ε_t 的振幅

① τ_t 为经整理后除基金经理整体的价值认同感和个股股价的客观波动以外，个股股价的其他影响因素。

越大。同理，从负向基金投资潮涌现象的 $\varepsilon_t - W_t / \overline{W}_t$ 曲线可以发现，当 W_t 与 $\overline{W}_t$ 的比值趋于 1 时，ε_t 的值最小，表明当基金经理整体对个股的低价值认同感与个股的客观波动频率趋于一致时，基金经理的减股行为会不断地对当期个股股利做正功，从而使个股股利负向的振动不断加强，并且随着 τ_t 的不同取值 ε_t 的振幅是不一样的，τ_t 越小 ε_t 的振幅越大。

进一步地，将无风险利率假设为零，股票的供应量固定为 Q。在以上的假设下，t 期的股票价格记为：

$$P_t = D_{t-1} + \varepsilon_t - \theta Q \tag{3.17}$$

将式（3.16）代入式（3.17）可得：

$$P_t = D_{t-1} + \frac{\overline{\varepsilon}_t}{\sqrt{\left(W_t^2 - \overline{W}_t^2 \right)^2 + \tau_t^2}} - \theta Q \tag{3.18}$$

其中，θ 为基金经理的风险规避和 ε 的方差的函数。式（3.18）表明了在 t 期，基金经理整体的价值认同感与个股股价的客观波动是如何对股价产生影响的，同时也表明了在何种情况下两者的共同作用会导致股价的暴涨暴跌。当基金经理整体的价值认同感与个股股价的客观波动趋于一致时，此时发生共振效应就会导致股价出现暴涨暴跌的现象。

5. 股票市场现实情况下对共振效应的修正

股票市场不同于物理系统的理想模型那样毫无摩擦，因此，有必要基于股票市场的现实情况对基金经理整体的价值认同感与个股股价的客观波动趋同的共振效应进行修正。鉴于股票市场上存在各种各样的摩擦，因此，并不是任何数值的基金经理整体的价值认同感和个股股价的客观波动的趋同值都能发生共振效应，而是存在一个启动阈值，基金经理整体的价值认同感和个股股价的客观波动的趋同值只有超过该启动阈值时才能够引发共振效应。以图 3.4 的三维坐标轴来进行说明，与图 3.3 不同的是，图 3.4 显示的是 ε_t 与 W_t 和 $\overline{W}_t$ 的曲线关系。ε_t 轴还是 t 期的股利，此外，增加 W_t 轴（基金经理整体的价值认同感）、$\overline{W}_t$ 轴（个股股价的客观波动）。其中，OO' 为 W_t 和 $\overline{W}_t$ 趋同值射线，从中可以看出只有 W_t 和 $\overline{W}_t$ 均超过一定的启动阈值（YZ）时，基金经理整体的价值认同感和个股股价的客观波动的趋同值才能引起共振效应。而当基金经理整体的价值认同感和个股股价的客观波动的趋同值小于启动阈值（YZ）时，两者的趋同值并不会引起共振效应。基于以上的讨论，将基金投资潮涌共振效应的论述修改为：如果基金经理整体的价值认同感和个股股价的客观波动的趋同值超过某一数值，基金经理的投资行为将不断地对个股股价做正功，从而使个股股价的波动幅度达到最大值，此时就称基金经理整体的价值认同感与个股股价的客观波动发生了共振效应。

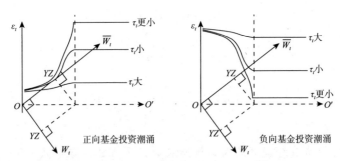

图 3.4　修正的基金投资潮涌的 ε_t 与 W_t 和 $\overline{W}_t$ 的曲线

四　基金投资潮涌的定义和研究假设的提出

基于以上的分析，本书将基金投资潮涌定义为：基金经理基于提前获取信息的优势，在获取投资信息后由于行为偏差会形成个人对某只股票的主观投资信念（买入或卖出），进而形成基金经理整体对该只股票的价值认同感，如果众多基金经理的主观投资信念趋于一致，那么将形成很强的价值认同感，此时若该价值认同感与个股股价本身的客观波动的趋同值大于某一值，将导致在一个时间段内在隐藏交易下许多基金的资金像波浪一样，一波接一波地涌入（涌出）某只股票，这些交易的叠加会不断推高（拉低）股价，即基金经理整体的价值认同感对个股股价不断施加影响，最终会导致个股股价的非理性暴涨（暴跌）。以上的定义表明在基金投资潮涌中，基金经理可以提前获取投资信息，并且基金经理在基金投资潮涌中为了不被关注以及降低交易成本，将进行小额多轮的隐藏交易。当基金经理整体的价值认同感与个股股价的客观波动的趋同值超过某一值时，会发生共振效应，导致个股股价出现暴涨暴跌的现象。因此本书提出以下三个研究假设。

假设 H1：在基金投资潮涌中，基金经理可以提前获取信息①。

假设 H2：在基金投资潮涌中，基金经理进行隐藏交易。

假设 H3：在基金投资潮涌中，基金经理整体的价值认同感和个股股价的客观波动的趋同值超过某一值时会发生共振效应，导致个股股价出现暴涨暴跌的现象。

第三节　基金投资潮涌的机理验证

一　基金投资潮涌样本的提取

1. 样本提取指标的选取

验证前文提出的 3 个假设，需要提取基金投资潮涌的样本。现有研究主要以各行业投资增长率作为"潮涌现象"的评判指标，如陈刚（2009）在林毅夫（2007）的研究基础上，将"潮涌现象"定义为众多单个实物投资者在理性投资决策的情况下最终集体呈现一种非理性投资的现象，然后以各行业投资增长率作为"潮涌现象"的评判指标，并按投资增速的大小将其分为五个不同的等级，探讨"潮涌现象"与金融风险之间的传导机制。于晓伟（2011）以中国各行业固定投资的投资增长率作为潮涌现象的衡量指标，证实了中国各行业的投资确实存在潮涌现象，并运用月度数据实证发现中国产业发展中存在季节性潮涌现象。

对于本书，基金投资潮涌样本提取的关键之处在于如何确定基金经理整体的价值认同感与个股股价的客观波动趋同值超过某一启动阈值后会产生共振效应导致个股股价暴涨暴跌，因此基金投资潮涌样本的提取既要考虑基金经理整体的价值认同感因素又要考虑个股股价的客观波动因素。

---

① 此假设也用于区分本书定义的基金投资潮涌与真羊群行为。在本书的基金投资潮涌中基金经理是能够获取投资信息的，而在真羊群行为中投资者在做决策时没有获取信息或者忽略自己的私有信息，直接跟从他人的投资行为，是一种非理性的盲从。两者的区别详见第一章第二节第二小节真羊群行为、伪羊群行为和基金投资潮涌的区别与联系的内容。

（1）基金经理整体的价值认同感（VI）指标的选取

现有文献在进行基金投资行为对股市影响的实证研究时，一般选取基金的持股量作为解释变量（Sias et al. 2006；胡大春、金赛男，2007；张宗新、王海亮，2013；李志洋、杨万成，2014），他们认为基金仓位在一定程度上可以代表机构投资者的信念。然而，将基金的持股量作为解释变量可能会导致数据失真，因为限于现有的数据披露制度，能够获取到的基金持股量的最高频数据为上市公司披露的季度报告中的数据，考虑到基金出于隐藏交易等原因可能会利用季报的窗口期对交易数据进行粉饰，如在报告发布之前特意减少某些股票的持有量，此时再使用持股量作为解释变量，所获得的数据不可避免地会失真。一般情况下，基金会在股价没有异动的时候就开始进行增股操作，当股价出现大幅上涨时，股价已充分反应利好消息，此时基金对该股票的评级会变得谨慎，并且常常在股价的高位抛出部分股票，及时锁定收益。因此，基金整体的持股量并不能反映基金经理整体的情绪变化。

越来越多的研究表明，较高的投资者注意力和关注会导致较高的股市波动（Zhi et al.，2011；Andrei and Hasler，2014；Ruan and Zhang，2016），由于拥有专业的研究团队来帮助机构投资者做决策，所以注意力和关注并不是机构投资者的稀缺资源（Barber and Odean，2008），他们拥有非常高的技能来更新数据，因此基金经理等机构投资者是高关注和高注意力的交易者（Zhi et al.，2011；Ding and Hou，2015）。另外，微观结构的市场模型表明知情交易对股价的影响将随着知情交易者数量的增加而增强，在知情交易假设下，虽然股价变动与机构投资者数量和机构投资者的持股量都存在显著的正相关关系，但是股价变动与前者的相关性明显强于后者（Back et al.，2000）。因此，本书认为可以用持有某只股票的基金数量的季度增长率来表征投资者的关注和注意力，持有某只股票的基金数量的季度增长率越大，表示基金经理的关注和注意力越高。基金经理的这种知情交易下的高关注和高注意力情绪将推动股票资产定价（Baker and Wurgler，2006；Smith et al.，2014），从而导致个股股价暴涨暴跌。

（2）个股股价的客观波动（R）替代指标的选取

鉴于个股股价的客观波动是个股在某一时期的内在属性，包含太多因素，是个股对各方面信息的综合体现，很难通过某一指标或者多个指标来进行衡量，但无论如何这些信息最终都会反映到股票价格上来。为此，本书以剔除上证指数季度收益率的个股季度收益率来表征个股股价的客观波动。我国股市发展时间尚短，股市体制还不健全，呈现非常显著的"政策市"特征，而这种"政策市"所带来的收益一般都能从大盘季度收益率中反映出来，因此将个股季度收益率剔除大盘季度收益率能更加贴切地反映个股股价的客观波动性。

2. 基金投资潮涌样本的提取方法

Sornette（2003）、余沿福（2011）将股市崩盘现象称为"极端事件"，假设样本期内所有样本的收益率服从正态分布，那么就可以计算样本期内的某个样本收益率的发生概率，根据该概率以及样本期的定义就可以计算该样本收益率的发生频率，通过定义超过多长时间才发生该样本收益率即可甄别出所有样本中的"极端事件"[①]。

早期的学者大多假设金融资产的收益率服从正态分布，然而，随着统计学的不断发展，学者们发现收益率并不服从正态分布，而是存在"尖峰厚尾"现象（李竹薇、康晨阳，2016）。随着研究的深入，学者们发现收益率不但存在"尖峰厚尾"现象，而且一般带有一定的偏度和位置参数的变化（耿志祥等，2013）。基于此，本书拟采用含有尺度参数和位置参数的 t 分布（t Location-Scale 分布）对基金经理整体的价值认同感和个股股价的客观波动进行拟合，并将该拟合结果与正态分布（Normal 分布）、Logistics 分布和极值分布（Extreme Value 分布）的拟合结果进行比较。

t 分布的概率密度函数如式（3.19）所示：

$$f(x) = \frac{\Gamma(\frac{v+1}{2})}{\sqrt{v\pi}\,\Gamma(\frac{v}{2})}\left(1+\frac{x^2}{v}\right)^{-\frac{v+1}{2}} \tag{3.19}$$

---

① 以余沿福（2011）的研究为例，他认为上证综指的日收益率服从均值为 0.0611%、标准差为 1.8118% 的正态分布，通过计算可得日跌幅大于 6.58% 的概率为 0.0002，根据出现的频率计算得到大约需要 5000 个交易日（约 20 年）才能出现一次；同理，他认为深圳成指和深证综指的日收益率分别服从均值为 0.0897%、标准差为 1.9923% 和均值为 0.0863%、标准差为 1.9961% 的正态分布，通过计算可得深圳成指跌幅大于 7.26% 的概率为 0.0002，深证综指跌幅大于 7.14% 的概率为 0.0002，大约也需要 20 年才能出现一次。这些跌幅是统计学意义上的异常值，一般将这些单日大幅下跌称为股市急跌现象。

式（3.19）中，$\Gamma(\cdot)$ 为伽马函数；v 表示自由度，该参数决定了 t 分布的形态。t Location-Scale 分布与 t 分布较为相似，概率密度表达式如式（3.20）所示：

$$f(x) = \frac{\Gamma(\frac{v+1}{2})}{\sigma \sqrt{v\pi} \Gamma(\frac{v}{2})} \left[1 + \frac{(\frac{x-\mu}{\sigma})^2}{v} \right]^{-\frac{v+1}{2}} \quad\quad (3.20)$$

式（3.20）中，μ 为位置参数，σ 为尺度参数，其他参数同前。若记 $y = (x-\mu)/\sigma$，那么 y 就服从自由度为 v 的 t 分布，从以上的分析可以发现，t Location-Scale 分布本质上是将标准 t 分布进行平移和伸缩。

3. 基金投资潮涌样本的提取

（1）样本说明

1997 年颁布和实施的《证券投资基金管理暂行办法》标志着中国封闭式基金的发展进入了新阶段，1998~1999 年共有 10 家基金管理公司获准设立，在新基金快速发展的同时，中国证监会开始对原有投资基金（老基金）进行清理规范。因此本书选取 1998 年第四季度到 2017 年第二季度的 A 股股票作为研究样本。本书所指的基金是指可投资于我国 A 股的证券型投资基金，包括股票型基金、混合型基金、债券型基金，不包含货币基金、另类投资基金和 QDII 基金。持有某只股票的季度基金数量数据来源于 Wind 数据库，其他数据来源于 RESSET 数据库。

基金投资潮涌的提取涉及基金经理整体的价值认同感（VI）和个股股价的客观波动（R）（替代变量为剔除上证指数季度收益率的个股季度收益率），采用含有尺度参数和位置参数的 t 分布对 VI 和 R 进行拟合，并规定 VI 和 R 两个指标同时达到异常值标准时，该样本才能被提取出来作为基金投资潮涌样本。

为了方便下文的实证分析，根据当期个股收益率的正负来设定持有股票的季度基金数量的增长率计算公式，若当期个股收益率为正，基金经理整体的价值认同感（VI）的计算公式为当期基金数量与上一期基金数量的差除以上一期基金数量，这样在当期个股收益率为正的情况下基金经理整体的价值认同感取值为 0 到正无穷，基金经理整体的价值认同感越高取值越大。若当期个股收益率为负，基金经理整体的价值认同感（VI）的计算公式为当期基金数量与上一期基金数量的差除以当期基金数量，在该计算方法下当期个股收益率为负时基金经理整体的价值认同感取值为负无穷到0，基金经理整体的价值认同感越低，取值越小；而若按照当期基金数量与上一期基金数量的差除以上一期基金数量的公式会把基金经理整体的价值认同感取值限定在0和-1之间，这样基金经理整体的价值认同感差异太小，并且基金经理整体的价值认同感越低取值越靠近0值，不利于下文的实证分析。各变量的描述性统计如表3.1所示，从表3.1中可知，基金经理整体的价值认同感和个股股价的客观波动的分布并不符合偏度为0、峰度为3的标准正态分布，而是都呈现尖峰厚尾特征。

表 3.1　样本的描述性统计

	基金经理整体的价值认同感（VI）	个股股价的客观波动（R）
样本数	65459	65459
均值	22.8640%	4.1022%
最大值	16900.0000%	1743.1000%
最小值	-97100.0000%	-93.0900%
标准差	124377.0000%	26.164%
极差	114000.0000%	1836.19%
变异系数	5439.9494	637.8043
偏度	-15.3696	6.8645
峰度	1119.1585	324.4231

资料来源：Wind、RESSET 数据库，经整理计算得到。

（2）基金投资潮涌样本的提取

本小节分别利用 t Location-Scale 分布、Normal 分布、Logistics 分布和Extreme Value 分布对基金经理整体的价值认同感（VI）和个股股价的客观波动（R）进行拟合。各分布的拟合参数如表 3.2 所示，拟合结果如图 3.5和图 3.6 所示。从图 3.5 和图 3.6 中可以看出，t Location-Scale 分布的拟合效果明显优于其他分布的拟合效果，同时对个股股价的客观波动（R）的拟合效果要好于对基金经理整体的价值认同感（VI）的拟合效果。进一步地比较各个分布拟合的 Log likelihood 可以发现，无论是对基金经理整体的价值认同感（VI）还是对个股股价的客观波动（R）的拟合，t Location-Scale 分布的 Log likelihood 均最大，由于各个分布的 Log likelihood 都为负，所以其绝对值越小表示残差平方和越小，因而参数拟合效度越高。因此，本书认为利用 t Location-Scale 分布对基金经理整体的价值认同感（VI）和个股股价的客观波动（R）进行拟合的效果最好，所以下面将利用 t Location-Scale 分布代替 Sornette（2003）判断股市崩盘的思路中的正态分布来提取基金投资潮涌的样本。

表 3.2　各分布的拟合参数

分布类型	t Location-Scale	Normal	Logistic	Extreme Value
基金经理整体的价值认同感（VI）的拟合参数				
模型的参数	(0.11, 3.49, 1.51)	(0.23, 12.44)	(0.20, 4.46)	(5.96, 21.89)
最大似然估计值	−222164	−257886	−234254	−284602
个股股价的客观波动（R）的拟合参数				
模型的参数	(0.69, 14.45, 2.71)	(4.10, 26.16)	(1.97, 12.09)	(28.31, 193.28)
最大似然估计值	−293463	−306565	−296362	−418245

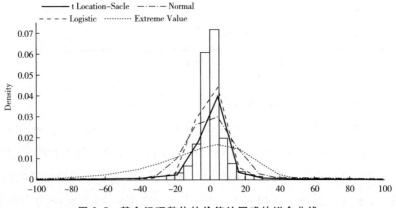

图 3.5　基金经理整体的价值认同感的拟合曲线

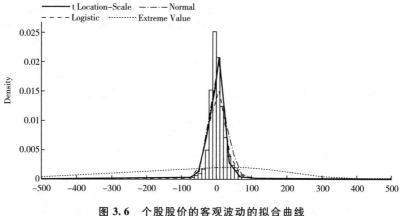

图 3.6　个股股价的客观波动的拟合曲线

在本书提取基金投资潮涌样本的判断中，需要两项指标同时达到标准该样本才能算是基金投资潮涌样本，然而实际情况是，只有一项指标达到标准，另一项指标未必会达到标准。因此，本书规定需要基金经理整体的价值认同感和个股股价的客观波动两个指标同时达到标准时，即该样本的基金经理整体的价值认同感和个股股价的客观波动两个指标同时满足统计学中的异常值标准时，该样本才能被提取出来作为基金投资潮涌样本。

本书提取了 7 对不同概率下的基金投资潮涌样本，根据不同概率下异常值出现的频率计算得到分别大约需要 2.5 年、3 年、5 年、10 年、15 年、20 年和 25 年才能出现一次。表 3.3 中，基金经理整体的价值认同感（*VI*）的左侧取值和个股股价的客观波动（*R*）的左侧取值为负向基金投资潮涌的提取标准，只有同时小于这两个指标才能算是负向基金投资潮涌样本。同理，右侧取值为正向基金投资潮涌的提取标准，只有同时大于这两个指标才能算是正向基金投资潮涌样本。从表 3.3 中可以发现，不同概率下提取的正向和负向的基金投资潮涌样本个数有着显著的差异。第一，随着左侧概率的减小和右侧概率的增大，基金投资潮涌的提取标准逐渐提高，基金投资潮涌样本个数逐渐减少。第二，由于我国股票市场中存在卖空约束，所以在相同的概率下，正向的基金投资潮涌样本个数显著多于负向的基金投资潮涌样本。

表 3.3　基金投资潮涌样本的提取

	VI 的取值（%）		R 的取值（%）		同时满足前面两个要求的样本个数	
	左侧	右侧	左侧	右侧	左侧	右侧
发生的概率小于 0.1/大于 0.9（2.5 年）	−750	770	−23.6	25.1	254	1284
发生的概率小于 0.083/大于 0.917（3 年）	−872	900	−26.5	27.9	125	916
发生的概率小于 0.05/大于 0.95（5 年）	−1272	1296	−34.8	36.2	21	419
发生的概率小于 0.025/大于 0.975（10 年）	−2067	2090	−48.1	49.6	3	138
发生的概率小于 0.0167/大于 0.983（15 年）	−2720	2712	−57.3	58.2	2	69
发生的概率小于 0.0125/大于 0.9875（20 年）	−3306	3329	−64.6	66	1	29
发生的概率小于 0.01/大于 0.99（25 年）	−3836	3864	−70.7	72.1	1	18

　　接下来讨论在这 7 种概率下，选取哪一种概率下的样本作为本书研究的样本。第一，我国证券市场对个股股价的异常波动进行了定义，其中规定，若个股股价连续三个交易日达到涨跌幅限制或者个股股价的振幅连续三个交易日达到 15%，交易所将对该股票实施临时停牌。同时，在前文的理论分析中已经假设了基金经理为了不被关注而采取了多次小规模的隐藏交易的投资策略，因此在一个季度中个股的股价波动将是在不被个人投资者关注的条件下缓慢地上升的。第二，鉴于我国股票市场中的卖空约束，正向和负向的基金投资潮涌样本的提取标准应该区别对待，负向的基金投资潮涌样本的提取标准应该降低。第三，在实际的股票市场中，个股股价的暴涨暴跌常见于报端，在我国基金发展的这二十几年中已经发生许多起基金黑幕事件，因此本书认为基金投资潮涌在现实中是频繁发生的。第四，鉴于实证分析的需要，基金投资潮涌样本不能太少。综合以上四点，本书选择发生频率大于 3 年的概率下提取的左侧样本作为负向基金投资潮涌样本，共有 125 个样本；选择发生频率大于 5 年的概率下提取的右侧样本作为正向基金投资潮涌样本，共有 419 个样本。

二 基金投资潮涌中基金经理可以提前获取信息的验证

1. 协方差分解方法

Sias 等（2001）、吴斌和张永任（2010）的研究均认为，如果机构持股变化能够领先于股票收益率的变化[①]，那么就可以认为机构投资者具有信息优势并率先做出投资决策。基于此，本书借鉴吴斌和张永任（2010）、杜威望和刘雅芳（2018）的研究方法，通过考察基金经理整体的价值认同感是否领先于个股股价波动来验证基金投资潮涌中基金经理可以提前获取信息的假设 H1。如果两者的协方差为正值，那么表明基金经理具有提前获取信息的优势，反之，则表明基金经理不具有提前获取信息的优势。由于无法获取每个月的基金经理整体的价值认同感数据，所以无法直接计算上一个月的基金经理整体的价值认同感与当月个股股价波动的相关性，而协方差分解方法可以有效地弥补数据获取的缺陷，因此本书利用协方差分解方法来验证基金经理可以提前获取信息的假设。

设 t 季度样本股票的基金经理整体的价值认同感为 VI_t，根据需要将季度数据分解为 3 个月份的子区间，则 $VI_t = VI_{t,0} + VI_{t,1} + VI_{t,2}$，同时任意一个样本的月度个股股价波动用 r_k（r_k 为剔除上证指数月度收益率的个股月度收益率，k 可以是任意整数）表示。利用协方差加和性质，可得：

$$cov(VI_t, r_k) = cov(VI_{t,0}, r_k) + cov(VI_{t,1}, r_k) + cov(VI_{t,2}, r_k) \quad (3.21)$$

其中，随着 k 取不同值式中各项的意义将发生变化，当 $k = -1$ 时，r_k 表示领先于 t 季度 1 个月的月度个股股价波动，$cov(VI_t, r_{-1})$ 表示 t 季度基金经理整体的价值认同感与其前 1 个月的月度个股股价波动的协方差，以此类推，$cov(VI_t, r_0)$、$cov(VI_t, r_1)$ 分别表示 t 季度基金经理整体的价值认同感与当季度第 1 个月和当季度第 2 个月的个股股价波动的协方差。式（3.21）的协方差利用 t 季度基金经理整体的价值认同感和月度个股股价波动是可以直接计算得到的。而月度基金经理整体的价值认同感和月度

[①] Sias 等（2001）研究的是所有机构持股对股票收益率的影响；吴斌和张永任（2010）研究的是基金的投资交易对股价的影响。

个股股价波动的协方差需要间接地利用 k 的不同取值进行协方差分解来计算。在此定义月度基金经理整体的价值认同感滞后于月度个股股价波动的协方差，并记为 $cov(L_k)$，其中 k 取 1 表示月度基金经理整体的价值认同感滞后于月度个股股价波动 1 个月；月度基金经理整体的价值认同感与月度个股股价波动的同月份协方差记为 $cov(C)$；月度基金经理整体的价值认同感超前于月度个股股价波动的协方差记为 $cov(F_k)$，其中 k 取 1 表示月度基金经理整体的价值认同感超前于月度个股股价波动 1 个月。通过构造式（3.22）和式（3.23）并进行化简来求得 $cov(F_1)$ 和 $cov(F_2)$：

$$
\begin{aligned}
&cov(VI_{0,2},r_1)-cov(VI_{0,2},r_0)+cov(VI_{0,2},r_{-2})-cov(VI_{0,2},r_{-3})+cov(VI_{0,2},r_{-5})-cov(VI_{0,2},r_{-6})\\
&= cov(F_1)+cov(C)+cov(L_1)-cov(C)-cov(L_1)-cov(L_2)+\\
&\quad cov(L_2)+cov(L_3)+cov(L_4)-cov(L_3)-cov(L_4)-cov(L_5)+\\
&\quad cov(L_5)+cov(L_6)+cov(L_7)-cov(L_6)-cov(L_7)-cov(L_8)\\
&= cov(F_1)-cov(L_8)
\end{aligned}
\tag{3.22}
$$

$$
\begin{aligned}
&cov(VI_{0,2},r_2)-cov(VI_{0,2},r_1)+cov(VI_{0,2},r_{-1})-cov(VI_{0,2},r_{-2})+cov(VI_{0,2},r_{-4})-cov(VI_{0,2},r_{-5})\\
&= cov(F_2)+cov(F_1)+cov(C)-cov(F_1)-cov(C)-cov(L_1)+\\
&\quad cov(L_1)+cov(L_2)+cov(L_3)-cov(L_2)-cov(L_3)-cov(L_4)+\\
&\quad cov(L_4)+cov(L_5)+cov(L_6)-cov(L_5)-cov(L_6)-cov(L_7)\\
&= cov(F_2)-cov(L_7)
\end{aligned}
\tag{3.23}
$$

式（3.22）和式（3.23）中最后的 $cov(L_7)$ 和 $cov(L_8)$ 是 "剩余协方差"，从经济意义上来讲，越超前的月度基金经理整体的价值认同感对随后月度个股股价波动的影响越小（吴斌、张永任，2010），此时月度基金经理整体的价值认同感滞后于月度个股股价波动 7 个月和 8 个月，因此，用 $E[cov(F_1)-cov(L_8)]$ 和 $E[cov(F_2)-cov(L_7)]$ 作为 $cov(F_1)$ 和 $cov(F_2)$ 的估计值将是无偏的，这样就计算得到 $cov(F_1)$ 和 $cov(F_2)$，分别表示前 1 个月和前 2 个月的月度基金经理整体的价值认同感与月度个股股价波动的协方差。

上面介绍的是采用超前的月度个股股价波动与当季的基金经理整体的价值认同感来计算协方差，被称为领先收益法计算的协方差。此外，还可以利用滞后的月度个股股价波动与当季的基金经理整体的价值认同感来计算协方差，该方法被称为滞后收益法。本书采用滞后收益法计算的协方差来进行稳健性检验，滞后收益法的 $cov(F_1)$ 和 $cov(F_2)$ 计算方法如式（3.24）和式（3.25）所示。

$$cov(VI_{0,2}, r_3) - cov(VI_{0,2}, r_4) + cov(VI_{0,2}, r_6) - cov(VI_{0,2}, r_7) + cov(VI_{0,2}, r_9) - cov(VI_{0,2}, r_{10})$$
$$= cov(F_3) + cov(F_2) + cov(F_1) - cov(F_4) - cov(F_3) - cov(F_2) +$$
$$cov(F_6) + cov(F_5) + cov(F_4) - cov(F_7) - cov(F_6) - cov(F_5) +$$
$$cov(F_9) + cov(F_8) + cov(F_7) - cov(F_{10}) - cov(F_9) - cov(F_8)$$
$$= cov(F_1) - cov(F_{10}) \tag{3.24}$$

$$cov(VI_{0,2}, r_4) - cov(VI_{0,2}, r_5) + cov(VI_{0,2}, r_7) - cov(VI_{0,2}, r_8) + cov(VI_{0,2}, r_{10}) - cov(VI_{0,2}, r_{11})$$
$$= cov(F_4) + cov(F_3) + cov(F_2) - cov(F_5) - cov(F_4) - cov(F_3) +$$
$$cov(F_7) + cov(F_6) + cov(F_5) - cov(F_8) - cov(F_7) - cov(F_6) +$$
$$cov(F_{10}) + cov(F_9) + cov(F_8) - cov(F_{11}) - cov(F_{10}) - cov(F_9)$$
$$= cov(F_2) - cov(F_{11}) \tag{3.25}$$

2. 样本及协方差分解的实证结果分析

（1）样本及变量的描述性统计

本部分实证检验的样本包括基金投资潮涌样本和非基金投资潮涌样本，其中基金经理整体的价值认同感（VI）为正的分组用来验证正向基金投资潮涌现象的假设 H1；基金经理整体的价值认同感（VI）为负的分组用来验证负向基金投资潮涌现象的假设 H1。变量的描述性统计如表 3.4 所示。

表 3.4 假设 H1 实证检验变量的描述性统计

变量	正向基金投资潮涌分组				负向基金投资潮涌分组				
	样本数	均值	最大值	最小值	标准差	样本数	均值	最大值	最小值	标准差
VI	31358	627%	9400%	4.88%	878%	29944	−598%	−5%	−10000%	877%
r	92111	1.22%	101.63%	−45.49%	13.43%	87893	1.27%	78.01%	−39.03%	11.3%

资料来源：Wind、RESSET 数据库，经整理和计算得到。

（2）协方差分解的实证结果分析

为了对比基金经理、其他机构投资者以及个人投资者在基金投资潮涌以及非基金投资潮涌情况下信息获取的差异，本部分分别利用基金投资潮涌样本和非基金投资潮涌样本计算了基金经理、其他机构投资者和个人投资者对个股的价值认同感与个股股价的客观波动的协方差。根据式

（3.22）和式（3.23），利用领先收益法计算的前 1 个月和前 2 个月的月度基金经理整体的价值认同感与月度个股股价波动的协方差分解结果如表3.5 所示。

表 3.5　领先收益法协方差分解结果

样本分组		基金投资潮涌样本		非基金投资潮涌样本	
		$cov(F_1)$	$cov(F_2)$	$cov(F_1)$	$cov(F_2)$
正向基金投资潮涌分组	基金经理	0.1914	0.0720	−0.0393	−0.0066
	其他机构投资者	0.0706	0.0401	0.0072	−0.0345
	个人投资者	0.0132	−0.0288	−0.0006	0.0030
负向基金投资潮涌分组	基金经理	0.1001	0.1894	−0.0029	−0.0337
	其他机构投资者	0.1471	0.0324	−0.0040	0.0060
	个人投资者	−0.0473	0.0092	−0.0023	−0.0027

从表 3.5 领先收益法计算得到的协方差结果可以看出，无论是正向还是负向的基金投资潮涌分组，基金经理和其他机构投资者在基金投资潮涌样本下计算得到的协方差均为大于 0 的正值，表明基金经理和其他机构投资者对个股的价值认同感与个股股价波动呈现正相关关系，而且前者的协方差大于后者，表明基金经理提前获取信息的能力强于其他机构投资者。在非基金投资潮涌样本下，基金经理和其他机构投资者的协方差均趋于 0值或者为负值，表明基金经理和其他机构投资者的价值认同感与个股股价波动没有正相关关系。此外，个人投资者在两种样本下的协方差均趋于 0值或者为负值，表明在这两种情况下个人投资者均没有提前获取信息的能力。以上的分析表明，在基金投资潮涌中基金经理可以提前获取信息，假设 H1 得到验证。

（3）稳健性检验

为了检验上文领先收益法计算得到的协方差分解结果是否具有稳健性，本部分还根据式（3.24）和式（3.25），利用滞后收益法计算前一个月和前 2 个月的月度基金经理整体的价值认同感与月度个股股价波动的协方差。协方差分解结果如表 3.6 所示，从中可以发现滞后收益法与领先收益法计算的结果一致，表明该结果具有稳健性。

表 3.6　滞后收益法协方差分解结果

样本分组		基金投资潮涌样本		非基金投资潮涌样本	
		$cov\ (F_1)$	$cov\ (F_2)$	$cov\ (F_1)$	$cov\ (F_2)$
正向基金投资潮涌分组	基金经理	0.2248	0.1258	0.0006	−0.0313
	其他机构投资者	0.0421	0.0432	0.0142	−0.0347
	个人投资者	−0.0078	0.0038	−0.0177	0.0229
负向基金投资潮涌分组	基金经理	0.2399	0.1529	0.0075	−0.0132
	其他机构投资者	0.0212	0.0568	0.0123	0.0063
	个人投资者	−0.0188	0.0043	0.0089	0.0055

三　基金投资潮涌中基金经理进行隐藏交易的验证

1. 均值计算方法

在前文的理论分析中，本书假设了基金经理为了不引起个人投资者的关注和跟风，采用的是小额多轮的隐藏交易。然而囿于无法获取基金详细的交易数据，无法直接验证基金经理是否进行隐藏交易。但是从个人投资者的角度来分析，在正向基金投资潮涌中，如果个人投资者可以发现基金经理的买入意图，那么个人投资者为了获取股票上涨带来的收益也将增加对该股票的持有量。同理，在负向基金投资潮涌中，如果个人投资者可以发现基金经理的卖出意图，那么个人投资者为了规避股票下跌带来的损失也将减少对该股票的持有量。直观的表现就是在正（负）向基金投资潮涌中，如果基金经理不进行隐藏交易，那么个人投资者持股变化量为正（负），反之，如果基金经理进行隐藏交易，那么个人投资者持股变化量应为负（正）。因此，本部分通过计算基金投资潮涌样本的当期个人投资者持股变化量均值来验证假设 H2，如果在正（负）向基金投资潮涌中，当期个人投资者持股变化量均值为负（正），那么基金经理进行隐藏交易的假设即得到验证。

2. 样本及均值计算结果分析

（1）样本及变量的描述性统计

基金投资潮涌中各股票样本的个人投资者季度持股量（记为 $Holder\_p$）

的描述性统计见表 3.7。

表 3.7　假设 H2 实证检验变量的描述性统计

变量	分组	样本数	均值	最大值	最小值	标准差
Holder_p（股）	正向基金投资潮涌	30891	6.56×10^4	1.31×10^6	2.76×10^3	1.05×10^5
	负向基金投资潮涌	29599	6.52×10^4	1.28×10^6	2.75×10^3	1.04×10^5

资料来源：Wind、RESSET 数据库，经整理和计算得到。

（2）均值计算结果分析

从表 3.8 的计算结果可知，无论是以流通市值为权重计算的还是以算术平均法计算的当期个人投资者持股变化量均值，在正（负）向基金投资潮涌中均为负（正）。造成此现象的原因如下：当发生正向基金投资潮涌时，股价处于上升阶段，由于基金经理进行隐藏交易，个人投资者不能知悉基金经理的买入意愿，导致个人投资者在低位抛出手中的股票，基金经理在低位吸收个人投资者手中的股票；当发生负向基金投资潮涌时，股价处于下降阶段，由于基金经理进行隐藏交易，个人投资者不能知悉基金经理的卖出意愿，导致个人投资者在高位买入机构投资者持有的股票，基金经理在高位卖出手中的股票。以上的分析表明，在基金投资潮涌中个人投资者并不能发现基金经理的投资意图，印证了在基金投资潮涌中基金经理进行了隐藏交易，假设 H2 得到验证。

表 3.8　当期个人投资者持股变化量均值

单位：股

样本分组	流通市值为权重计算的均值	算术平均法计算的均值
正向基金投资潮涌	-1.95×10^8	-7.72×10^7
负向基金投资潮涌	2.31×10^8	5.82×10^7

四　基金投资潮涌中共振效应的验证

1. 模糊断点回归设计

断点回归设计（Regression Discontinuity Design，RDD）是新兴并被广泛

应用于因果效应识别的计量方法（Lee and Lemieux，2010），能够避免参数估计的内生性问题，反映出变量之间的因果关系，其实证结果被认为是最接近随机实验的结果。该方法在本书的验证思路为：对于驱动变量（本书是指基金经理整体的价值认同感和个股股价的客观波动的趋同值），若该变量大于某一个临界值（记为 GZ），个体（对应于本书的个股股价波动，记为 $\overline{R}$）即受到处置（即个股股价发生共振效应，记为 D），反之若该变量小于该临界值，个体不接受处置。根据样本中的观察值将样本划分为对照组和实验组，RDD 可分为明显断点回归设计和模糊断点回归设计。前者的处置效应在驱动变量临界值两侧出现确定性的从 0 到 1 的变化，后者处置效应的概率在间断点两侧呈现单调变化（Bloom，2012）。对于本部分的研究，由样本的选取标准可知，并不能保证非基金投资潮涌样本的基金经理整体的价值认同感或者个股股价的客观波动均小于基金投资潮涌样本，因此选择模糊断点回归设计。

假设样本股票 i 的基金经理整体的价值认同感和个股股价的客观波动的趋同值为 z_i，全样本中基金经理整体的价值认同感和个股股价的客观波动产生共振效应的临界值（也被称为断点值）为 GZ，D_i 为处置效应变量，此处表示是否发生共振效应，等于 1 表示发生共振效应，否则为 0。在上文的分析中，非基金投资潮涌样本的基金经理整体的价值认同感也有可能超过临界值 GZ，但并没有造成个股股价的暴涨暴跌，也就是说没有形成共振效应。但无论是在正向还是负向的基金投资潮涌分组中，当基金经理整体的价值认同感超过临界值 GZ 时，样本发生基金投资潮涌共振效应的概率都会增加，那么正向的基金投资潮涌分组的 D_i 和 z_i 存在如下关系：

$$P(D_i=1|z_i)=\begin{cases} g_1(z_i), z_i \geqslant GZ \\ g_0(z_i), z_i < GZ \end{cases}, g_1(z_i) \neq g_0(z_i) \qquad (3.26)$$

同理，负向的基金投资潮涌分组的 D_i 和 z_i 存在如下关系：

$$P(D_i=1|z_i)=\begin{cases} g_1(z_i), z_i \leqslant GZ \\ g_0(z_i), z_i > GZ \end{cases}, g_1(z_i) \neq g_0(z_i) \qquad (3.27)$$

本书的研究假设 $g_1(z_i) > g_0(z_i)$，即当基金经理整体的价值认同感和个股股价的客观波动的趋同值超过临界值 GZ 时，会增加样本发生基金投资潮涌共振效应的概率。

在 RDD 中也可以加入其他控制变量以消除小样本偏差，同时提高模型的估计精度。因此本部分的研究还增加了如下的控制变量：表征个股股市情况的每股盈余（EPS，元/股）、市盈率（P/E）和本期末股东户数（$Holders$，户）；表征公司经营情况的营业收入环比增长率（$Income$，%）；表征公司治理的支付给职工以及为职工支付的现金（$Wages$，元）；表征公司经营环境的各项税费（Tax，元）；表征公司投资的固定资产、无形资产和其他长期资产支付的现金（$Investment$，元）。因此，对式（3.28）进行回归即可得到共振效应对个股股价波动的因果性影响：

$$\overline{R}_i = \alpha + \rho D_i + f(z_i) + BX + \varepsilon_i \tag{3.28}$$

其中，X 为各控制变量，$f(z_i)$ 是 z_i 的一个多项式函数，要结合带宽的选取来对 $f(z_i)$ 进行设定。一般情况下带宽越小，对控制变量和 $f(z_i)$ 的要求越小，但同时会损失更多的样本观测值，导致参数估计的误差增大（Imbens and Kalyanaraman，2012；Lee and Lemieux，2010）。下文将报告两阶段最小二乘法（2SLS）的估计结果，同时本书主要关心共振效应对股价的冲击作用，因此在下文的实证结果中只报告了 ρ 的估计系数。

2. 样本及实证结果分析

（1）样本及变量的描述性统计

鉴于个股股价的客观波动包含太多因素，难以精确度量，本部分根据剔除上证指数季度收益率的个股季度收益率 R 的正负情况对个股股价的客观波动进行简化处理，以便进行驱动变量 z 的设定。首先，分别将正向和负向基金投资潮涌分组样本的基金经理整体的价值认同感（VI）归一化为 0~1 和 -1~0（记为 VI_norm），即 VI_norm 越趋于 1（-1），基金经理整体的买入（卖出）认同感越高；越趋于 0，基金经理整体的买入（卖出）认同感越低。其次，根据 R 的正负情况对个股股价的客观波动进行简化（记为 R_simp），对于正向基金投资潮涌分组的样本，若 R 大于 0，表明个股股价的客观波动是正向利好的，R_simp 设置为 1，若 R 小于等于 0，表明个股股价的客观波动是负向利空的，R_simp 设置为 0；对于负向基金投资潮涌分组的样本，若 R 大于 0，表明个股股价的客观波动是正向利好的，R_simp 设置为 0，若 R 小于等于 0，表明个股股价的客观波动是负向利空的，R_simp 设置为 1。最后，进行驱动变量 z 的设定，将 R_simp 为 0

的股票样本的 *VI_ norm* 设置为 0，*R_ simp* 为 1 的股票样本的 *VI_ norm* 保持不变，重新赋值的 *VI_ norm* 即为驱动变量 *z*。这样设定的 *z* 表示，当基金经理整体的价值认同感与个股股价的客观波动同方向时，*z* 为非零的数值，并且 *z* 值随着基金经理整体的价值认同感的增加而增大；反之，当基金经理整体的价值认同感与个股股价的客观波动方向相反时，*z* 为 0。这可以在一定程度上代表基金经理整体的价值认同感和个股股价的客观波动的趋同情况。

考虑到金融类上市公司在资产负债结构和财务数据方面与其他行业上市公司存在较大差异，在假设 H3 实证检验中剔除金融类上市公司样本，同时剔除主要数据缺失的样本，以及 ST 和 PT 上市公司的样本，最终得到 25574 个正向基金投资潮涌的样本和 22767 个负向基金投资潮涌的样本。各变量的描述性统计如表 3.9 所示。

（2）正向基金投资潮涌的实证结果分析

在回归分析之前，通过图形展示驱动变量与处置效应状态的非连续性关系已成为 RDD 的标准做法，有助于直观理解 RDD 的含义（Lee and Lemieux，2010），同时也有利于寻找基金经理整体的价值认同感和个股股价的客观波动的趋同值的临界值 *GZ*。图 3.7 中的纵坐标为基金投资潮涌发生的比例[①]，横坐标为驱动变量 *z* 的不同取值，从中可以看出，当驱动变量 *z* 的取值为 0.90 时，发生基金投资潮涌的比例显著提高，基金投资潮涌发生的比例在该断点值两侧有很明显的非连续性。因此，本部分将临界值 *GZ* 设定为 0.90。

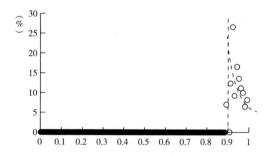

图 3.7　各断点取值下发生基金投资潮涌的比例（正向基金投资潮涌）

---

① 计算方法为：将驱动变量 *z*（0~1）平均分为 100 份，分别计算每一区间内基金投资潮涌发生的次数、该区间内的样本数以及发生次数占样本数的比例，计算得到的比例即为基金投资潮涌发生的比例。

表 3.9 假设 H3 实证检验变量的描述性统计

变量	正向基金投资潮涌分组				负向基金投资潮涌分组			
	均值	最大值	最小值	标准差	均值	最大值	最小值	标准差
R (%)	3.76	1.74×10^3	-92.09	28.69	5.46	670.65	-80.88	23.59
z	0.15	1.00	0.00	0.22	-0.13	0.00	-1.00	0.21
EPS (元/股)	0.34	15.26	-7.05	0.70	0.33	15.26	-7.05	0.69
P/E	69.18	6.10×10^4	-1.96×10^4	666.52	66.54	1.73×10^4	-9.82×10^3	328.74
Holders (户)	5.69×10^4	1.86×10^6	1.93×10^3	9.63×10^4	5.62×10^4	1.88×10^6	1.96×10^3	9.31×10^4
Income (%)	38.39	1.40×10^5	-255.62	936.83	12.05	1.60×10^5	-100.00	1.10×10^3
Wages (元)	1.77×10^8	4.03×10^{10}	-4.91×10^8	1.03×10^9	1.60×10^8	2.81×10^{10}	-7.26×10^7	8.17×10^8
Tax (元)	2.44×10^8	1.39×10^{11}	-4.63×10^8	2.99×10^9	2.44×10^8	1.29×10^{11}	-1.98×10^9	3.05×10^9
Investment (元)	2.75×10^8	1.32×10^{11}	-2.20×10^9	2.61×10^9	2.35×10^8	7.61×10^{10}	-1.53×10^9	1.98×10^9

资料来源：Wind、RESSET 数据库，经整理和计算得到。

正向基金投资潮涌的实证估计结果如表 3.10 的 A 列所示，从表中可以看出当基金经理整体的价值认同感和个股股价的客观波动的趋同值 z 超过 0.90 的时候，会发生共振效应，对个股股价波动产生巨大的正向冲击。平均来看共振效应会导致个股股价上涨 48.4970%，并且该系数在 10% 的水平下显著。假设 H3 得到部分验证，即在正向基金投资潮涌中，基金经理整体的价值认同感和个股股价的客观波动的趋同值超过 0.90 时会发生共振效应，导致个股股价出现暴涨的现象。同时，表 3.10 的 B~E 列显示了在 GZ 为 0.90 的情况下，通过设定不同带宽来进行稳健性检验的估计结果，只有 B 列的系数在 10% 的水平下显著，其余列的系数均在 5% 的水平下显著，说明该估计结果具有稳健性。

表 3.10　正向基金投资潮涌的实证估计结果

	A	B	C	D	E
断点	0.90	0.90	0.90	0.90	0.90
带宽	+/-0.0937	+/-0.1	+/-0.2	+/-0.3	+/-0.4
系数	48.4970 * (26.48)	47.2291 * (24.45)	34.9969 ** (16.66)	32.8924 ** (14.16)	33.2710 ** (12.85)

注：表中只报告了处置效应的估计系数，** 和 * 分别表示在 5% 和 10% 的水平下显著，括号内为系数估计的标准差。

RDD 识别策略的有效性要求经济个体不能操纵或者至少不能完全操纵驱动变量，通常需要通过检验驱动变量密度函数的连续性来确定驱动变量是否具有选择性（Imbens and Kalyanaraman，2012）。对于本部分的研究，如果基金经理整体的价值认同感与个股股价的客观波动的趋同值是可以操纵的，例如基金经理们通过合谋来决定该趋同值，那么 RDD 估计就可能是有偏的。图 3.8 给出了驱动变量 z（基金经理整体的价值认同感与个股股价的客观波动的趋同值）的密度函数，从中可以看出 z 在 0.90 附近非常平滑，没有任何跳跃的迹象，表明不存在对驱动变量的操纵。

另外，RDD 使用的有效性还要求个体的可观测特征在断点左右两侧是"局部"平衡的，即要求其他控制变量不能在断点出现非连续变化（Lee and Lemieux，2010）。因为如果这些变量在断点前后存在非连续性，那么 RDD 识别的股价冲击可能并不仅仅来自共振效应。本部分对所有的控制变量均进行

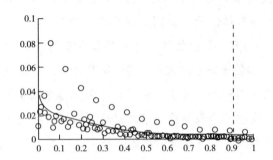

图 3.8 驱动变量的密度函数（正向基金投资潮涌）

检验，结果如图 3.9 所示，这些变量在断点值 0.90 前后基本上是平滑的。

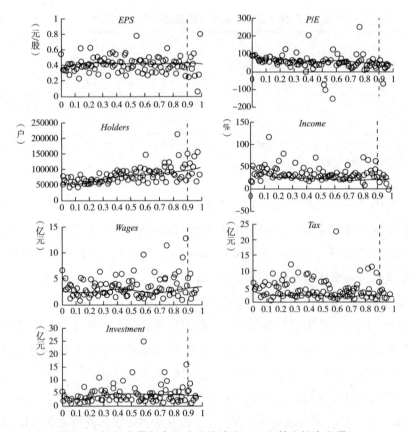

图 3.9 控制变量断点处连续性检验（正向基金投资潮涌）

（3）负向基金投资潮涌的实证结果分析

同样利用图形展示驱动变量与处置效应状态的非连续性关系，以寻找负向基金投资潮涌中基金经理整体的价值认同感和个股股价的客观波动的趋同值的临界值 GZ。如图 3.10 所示，从中可以看出当驱动变量 z 的取值为 -0.89 时，发生基金投资潮涌的比例显著提高，基金投资潮涌发生的比例在该断点值两侧有很明显的非连续性。因此，本书将负向基金投资潮涌的临界值 GZ 设定为 -0.89。

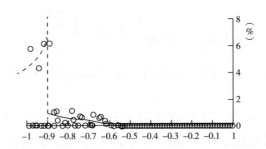

图 3.10　各断点取值下发生基金投资潮涌的比例（负向基金投资潮涌）

负向基金投资潮涌的实证估计结果如表 3.11 的 A 列所示，从表 3.11 中可以看出当基金经理整体的价值认同感和个股股价的客观波动的趋同值 z 超过 -0.89 的时候，会发生共振效应，对个股股价波动产生巨大的负向冲击。平均来看共振效应会导致个股股价下跌 55.7674%，并且该系数在 5% 的水平下显著。假设 H3 得到部分验证，即在负向基金投资潮涌中，基金经理整体的价值认同感和个股股价的客观波动的趋同值超过 -0.89 时会发生共振效应，导致个股股价出现暴跌的现象。同时，从表 3.11 中 B~E 列的稳健性检验估计结果可以发现，所有的系数均至少在 5% 的水平下显著，说明该估计结果具有稳健性。

表 3.11　负向基金投资潮涌的实证估计结果

	A	B	C	D	E
断点	-0.89	-0.89	-0.89	-0.89	-0.89
带宽	+/-0.0839	+/-0.1	+/-0.2	+/-0.3	+/-0.4
系数	-55.7674 ** (21.71)	-58.4879 *** (22.32)	-84.5622 ** (38.88)	-96.1353 ** (45.91)	-73.0865 *** (27.21)

注：表中只报告了处置效应的估计系数，***、** 分别表示在 1%、5% 的水平下显著，括号内为系数估计的标准差。

图 3.11 的驱动变量密度函数表明 z 在 -0.89 附近非常平滑，没有任何跳跃的迹象，不存在对驱动变量的操纵。图 3.12 表明控制变量在断点值 -0.89 前后基本上是平滑的。

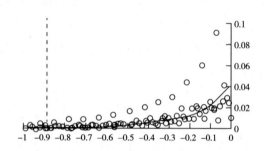

图 3.11 驱动变量的密度函数（负向基金投资潮涌）

以上的分析表明，无论是在正向还是在负向基金投资潮涌中，当基金经理整体的价值认同感和个股股价的客观波动的趋同值超过 0.90 和 -0.89 时就会发生共振效应，导致个股股价出现暴涨暴跌的现象。因此，假设 H3 得到验证。

在机理分析部分，本章利用行为金融、投资潮涌和物理共振的相关理论，对基金投资潮涌导致我国个股股价暴涨暴跌的作用机制进行了分析。在分析过程中引入了基金经理整体的价值认同感和个股股价的客观波动变量，理论分析发现当两者的趋同值超过某一值时，将发生共振效应，对个股股价产生巨大的冲击。基于此，本书将基金投资潮涌定义为：基金经理基于提前获取信息的优势，在获取投资信息后由于行为偏差会形成个人对某只股票的主观投资信念（买入或卖出），进而形成基金经理整体对该只股票的价值认同感，如果众多基金经理的主观投资信念趋于一致，那么将形成很强的价值认同感，此时若该价值认同感与个股股价本身的客观波动的趋同值大于某一值，将导致在一个时间段内在隐藏交易下许多基金的资金像波浪一样，一波接一波地涌入（涌出）某只股票，这些交易的叠加会不断推高（拉低）股价，即基金经理整体的价值认同感对个股股价不断施加影响，最终会导致个股股价的非理性暴涨（暴跌）。以上的定义表明在基金投资潮涌中，基金经理可以提前获取信息，并且基金经理在基金投资潮涌中为了不被关注以及降低交易成本，将进行小额多轮的隐藏交易。当

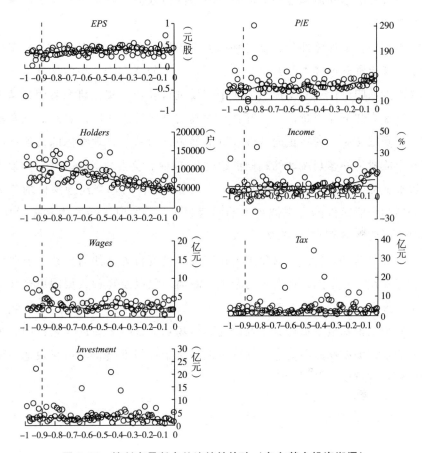

图 3.12　控制变量断点处连续性检验（负向基金投资潮涌）

基金经理整体的价值认同感与个股股价的客观波动的趋同值超过某一值时，会发生共振效应，导致个股股价出现暴涨暴跌的现象。据此本书提出了假设 H1、假设 H2 和假设 H3 三个待检验的研究假设。

假设 H1：在基金投资潮涌中，基金经理可以提前获取信息[①]。

假设 H2：在基金投资潮涌中，基金经理进行隐藏交易。

假设 H3：在基金投资潮涌中，基金经理整体的价值认同感和个股股价

---

① 此假设也用于区分本书定义的基金投资潮涌与真羊群行为的区别。在本书的基金投资潮涌中基金经理是能够获取投资信息的，而在真羊群行为中投资者在做决策时没有获取信息或者忽略自己的私有信息，直接跟从他人的投资行为，是一种非理性的盲从。两者的区别详见第一章第二节的内容。

的客观波动的趋同值超过某一值时会发生共振效应，导致个股股价出现暴涨暴跌的现象。

本章在实证检验部分，首先利用含有尺度参数和位置参数的 t 分布提取了基金投资潮涌样本，其次分别利用协方差分解方法、均值计算方法和模糊断点回归设计对前文提出的 3 个假设进行验证。实证研究表明，基金投资潮涌有如下几个特征。①基金经理确实可以提前获取信息。②基金经理进行隐藏交易。③在正向基金投资潮涌中，当基金经理整体的价值认同感和个股股价的客观波动的趋同值超过 0.90 时，会发生共振效应，导致个股股价上涨 48.4970%；在负向基金投资潮涌中，当基金经理整体的价值认同感和个股股价的客观波动的趋同值超过 -0.89 时，会发生共振效应，导致个股股价下跌 55.7674%。

本部分的研究将研究对象限定在基金的投资行为是如何导致个股股价的暴涨暴跌这一范围，融合行为金融、潮涌现象以及物理共振的思想来阐释基金投资潮涌的发生机制，丰富了个股股价暴涨暴跌事件的经济影响的文献，为认识基金投资行为以及研究其市场功能提供了新的视角，同时为分析股票市场波动原因提供了新的方向，对于我国推进资本市场快速、稳定发展具有重要意义。

第四章
基金投资潮涌的危害性
分析与实证研究

　　基金投资潮涌会不会给各市场主体带来影响，是有利的影响还是不利的影响？对这一问题的研究有助于客观地对基金投资潮涌进行评价，进而影响到监管层对基金投资潮涌的政策导向。如果基金投资潮涌会给各市场主体带来有利的影响，那么监管层应鼓励和支持该行为；反之，如果基金投资潮涌会对各市场主体造成不利的影响，监管层就应该采取措施对该行为进行控制和禁止。基于此，本章从股票市场、上市企业投资水平和个人投资者福利水平三方面研究基金投资潮涌对各市场主体的影响效应。

第一节　基金投资潮涌对股票市场的
负面影响与实证研究

一　理论分析与研究假设

　　信息效率（Informational Efficiency）是衡量股票市场效率的重要指标之一，是指股票价格对新信息做出及时反应，使当前股价能够充分迅速反映关于股票可利用信息的程度。现有文献研究发现，机构投资者通过股票交易使私有信息渗透于股价中，进而提高了信息效率（雷倩华等，2012；孔东民等，2015）。然而，在前文的分析中已表明，在基金投资潮涌中基金经理可以提前获取信息，并且为了不引起个人投资者的关注，采用的是小额多轮的交易策略。为了达到上述目的，基金经理就要降低信息的对外传播和扩散速度，防止其他投资者跟风投资，这将阻碍股价反映上市公司信息，从而降低了股票市场的信息效率，正如王咏梅和王亚平（2011）的研究表明机构交易频率越高，信息效率越低。因此，本章提出如下假设 H4。

假设 H4：基金投资潮涌会降低股票市场的信息效率。

信息获取优势是机构投资者影响股票市场流动性的主要渠道。Leland（1990）的研究表明，在正常情况下内幕交易会使股票市场的流动性下降。对于本书，基金投资潮涌发生的前提条件是基金经理可以提前获取信息，并且进行小额多轮的交易以防止其他投资者跟进。在一般情况下，股票市场上的各方投资者随机地进行买卖交易，没有哪一方拥有更多的私有投资信息，此时多空双方势均力敌，市场的流动性处于一个较好的状态。当发生基金投资潮涌时，基金经理就会利用信息优势进行交易，在正向基金投资潮涌中买入股票，在负向基金投资潮涌中卖出股票，由于缺少相应的对冲力量，这将破坏原有的平衡状态，降低股票市场的流动性。因此，本章提出假设 H5。

假设 H5：基金投资潮涌会降低股票市场的流动性。

现阶段，机构投资者交易成为市场暴涨暴跌的助推器，加剧了市场波动（陈国进等，2010）。上文的分析中得出，在正向基金投资潮涌中，当基金经理整体的价值认同感和个股股价的客观波动的趋同值超过 0.90 时会发生共振效应，导致个股股价上涨 48.4970%；在负向基金投资潮涌中，当基金经理整体的价值认同感和个股股价的客观波动的趋同值超过 -0.89 时会发生共振效应，导致个股股价下跌 55.7674%。因此，本章提出假设 H6。

假设 H6：基金投资潮涌会增加股价的波动性。

二　实证研究

1. 模型设定

$$INFO_i = \alpha_0 + \beta_1 T_i + B \times Contral_i + \varepsilon_i \tag{4.1}$$

$$Liquidity_i = \alpha_0 + \beta_1 T_i + B \times Contral_i + \varepsilon_i \tag{4.2}$$

$$GARCH_i = \alpha_0 + \beta_1 T_i + B \times Contral_i + \varepsilon_i \qquad (4.3)$$

本章通过构建模型（4.1）~模型（4.3）来验证上文提出的假设 H4~假设 H6。其中，模型（4.1）的被解释变量为股票市场信息效率（INFO），借鉴孔东民等（2015）的研究方法，用股价信息含量作为股票市场信息效率的替代指标，利用 CAPM 模型的拟合优度进行度量，即利用 $r_i = \alpha_1 + \beta_i r_{Mi} + \varepsilon_i$ 模型①计算拟合优度（R^2），模型的拟合优度越大表明股价波动的同步性越强，与大盘同涨共跌的程度越高，股价中所包含的特质信息也就越少，因此所反映的信息效率也就越低（孔东民等，2015），即 INFO 与 R^2 呈负相关关系，利用公式 $INFO = \ln[(1 - R^2)/R^2]$ 即可得到股价信息含量（Durnev et al.，2004）。模型（4.2）的被解释变量为股票市场流动性（Liquidity），借鉴孔东民等（2015）的研究方法，选取换手率来表征股票市场的流动性。模型（4.3）的被解释变量为股价波动性（GARCH），为利用 GARCH（1，1）计算得到的 GARCH 项。模型的关键解释变量为是否发生基金投资潮涌（T），是为 1，否为 0。此外，还选取了以下控制变量：当季度上市公司的股权集中度（Herf），以第一大股东与第二大股东股权比例的比值表征；当季度 A 股市场中个人投资者新增开户数（Ind）；当季度上市公司的公告的总数量（Annou）；当季度上市公司的账面市值比（BM）；当季度上市公司的股票价格（P）；当季度上市公司的资产总计（Size）；当季度上市公司的资产收益率（ROE）。

2. 样本选取与数据来源

为了准确地衡量发生基金投资潮涌是否会对股票市场产生影响，本部分的样本既包括第三章提取的基金投资潮涌样本（黑色样本），又包括与之相配对的白色样本。选择白色样本的原则是，白色样本与黑色样本同属于一个行业并且公司规模相当，且是在同一时期内没发生基金投资潮涌的公司股票。同时为了确保计量模型在大样本估计中的有效性，本章采用 1∶2 配对比例进行黑色样本和白色样本的配对，以增加样本数量。

本部分的数据均来源于 Wind 数据库和 RESSET 数据库，剔除数据不全

---

① 模型中 r_i 为 i 期个股的收益率，α_1 为常数项，r_{Mi} 为 i 期的市场收益率。

的样本，共选取 1182 个样本。被解释变量为经计算得到的数据①，其余控制变量均为季度数据。各变量的描述性统计分析如表 4.1 所示。为保证估计结果的有效性，对除被解释变量 INFO 和关键解释变量 T 以外的变量进行取对数处理。鉴于部分变量会出现小于 0 的情况，借鉴 Busse 和 Hefeker（2007）的方法，对被解释变量和控制变量用公式 $\ln\left[x+(x^2+1)^{1/2}\right]$ 进行转换替代。

表 4.1　变量的描述性统计

变量	均值	标准差	最小值	最大值
INFO	1.8773	2.4017	-2.0314	15.1832
Liquidity	3.3484	2.4728	0.0924	17.6427
GARCH	2.0130	0.6783	0.0414	4.4693
T	0.3283	0.4698	0.0000	1.0000
Herf	16.3656	48.6342	1.0000	715.5000
Ind（户）	4.65×10^6	3.83×10^6	1.32×10^5	1.28×10^7
Annou（次）	31.1481	24.5227	1.0000	376.0000
BM	1.1089	1.3516	0.0117	12.1002
P（元）	18.1868	19.3988	1.4100	257.6500
Size（元）	3.00×10^{10}	8.37×10^{10}	1.11×10^8	1.44×10^{12}
ROE	0.0403	0.1408	-1.4938	2.4611

3. 实证结果与分析

模型（4.1）～模型（4.3）的实证估计结果分别如表 4.2 的（1）～（3）列所示。从表 4.2 中可发现，在 3 个模型的估计结果中，关键解释变量均在 1% 的水平下显著，并且模型（4.1）中 T 的估计系数为负，这表明基金投资潮涌会降低股票市场的信息效率，假设 H4 得到验证。模型（4.2）中 T 的估计系数为负，表明基金投资潮涌会降低股票市场的流动性，假设 H5 得到验证。模型（4.3）中 T 的估计系数为正，表明基金投资潮涌会增加股价的波动性，假设 H6 得到验证。本部分的研究验证了现阶段我国基金不但没能发挥稳定资本市场的作用，反而增大了股价的波动，

---

① INFO 利用季度中月度平均数据计算得到，Liquidity 为季度中日度数据的加总，GARCH 为季度中月度数据的加总。

是股市暴涨暴跌的助推器（陈国进等，2010）。

表 4.2 实证估计结果

变量	（1） INFO	（2） Liquidity	（3） GARCH
T	-0.4555 *** (0.1589)	-1.1630 *** (0.3782)	0.5251 *** (0.0594)
Herf	0.0360 ** (0.0144)	0.0144 (0.0336)	0.0005 (0.0054)
Ind	0.0595 *** (0.0170)	0.1619 *** (0.0341)	0.0695 *** (0.0063)
Annou	0.1330 *** (0.0226)	0.0469 (0.0612)	-0.0254 *** (0.0084)
BM	-0.1024 (0.0658)	0.0140 (0.1827)	0.0188 (0.0246)
P	0.0917 *** (0.0282)	0.0103 (0.0701)	0.0383 *** (0.0105)
Size	0.0330 ** (0.0166)	-0.1984 *** (0.0463)	-0.0324 *** (0.0062)
ROE	0.6408 *** (0.1417)	-0.0695 (0.5171)	0.0326 (0.0529)
α_0	-7.3095 *** (1.6629)	12.9845 *** (4.7075)	1.7806 *** (0.6212)
N	1182	1182	1182
最大似然估计值	-2558.4740	-343.7936	-1437.8790
F 值	14.3975	11.0168	51.3324
调整 R^2	0.0861	0.3282	0.2615

注：括号中为标准差，** 和 *** 分别表示显著性水平为 5% 和 1%。

4. 稳健性检验

上文实证估计中被解释变量的数据是经流通股市值加权计算得到的，为了确保模型估计结果的稳健性，本部分还利用经总市值加权计算得到的被解释变量数据进行稳健性检验。稳健性检验的估计结果见表 4.3，从稳健性检验的估计结果可以看出，各项估计系数并没有发生显著的变化，稳健性检验的结果与上文的估计结果基本一致，说明本部分的研究结论具有较强的稳健性。

表 4.3 稳健性检验的估计结果

变量	(1) INFO	(2) Liquidity	(3) GARCH
T	-0.4438 *** (0.1567)	-1.3072 *** (0.2706)	0.5696 *** (0.0646)
Herf	0.0368 *** (0.0142)	0.0453 * (0.0241)	-0.0020 (0.0059)
Ind	0.0579 *** (0.0167)	0.2463 *** (0.0244)	0.0849 *** (0.0069)
Annou	0.1356 *** (0.0223)	0.0553 (0.0438)	-0.0315 *** (0.0092)
BM	-0.0830 (0.0648)	0.0108 (0.1307)	0.0180 (0.0267)
P	0.0866 *** (0.0278)	-0.1508 *** (0.0501)	0.0381 *** (0.0115)
Size	0.0333 ** (0.0163)	-0.1437 *** (0.0331)	-0.0368 *** (0.0067)
ROE	0.7471 *** (0.1397)	0.0339 (0.3700)	0.0552 (0.0576)
α_0	-7.2776 *** (1.6395)	3.3130 (3.3685)	1.4191 ** (0.6763)
N	1182	1182	1182
最大似然估计值	-2542.3320	-288.5704	-1534.6580
F 值	15.1213	25.9829	56.0647
调整 R^2	0.0904	0.5493	0.2792

注：括号中为标准差，*、** 和 *** 分别表示显著性水平为 10%、5% 和 1%。

第二节 基金投资潮涌对上市企业投资水平的抑制效应与实证研究

目前各界对金融功能的认识基本集中在融资功能方面，其作为市场经济制度基础的一些重要功能如为资源配置提供信号、深化分工与协作、管理风险、提供激励等则被忽视，这是对金融服务实体经济的片面理解。随着我国经济改革进入新时代，金融业需要发挥除融资功能外的其他与市场经济高度相关的功能，引导金融更好地服务实体经济，提升金融服务实体经济的能力和效率（符林，2017）。

关于股价影响企业投资水平的研究有很多（Baker et al.，2003；Baker，2009；Warusawitharana and Whited，2015；李君平、徐龙炳，2015；张晓宇等，2017；王生年等，2018），但大多是考察股价与企业投资水平的关系，即主要探讨股票的融资功能，缺少对股票其他功能的分析。从上文的理论分析和实证检验可知，基金投资潮涌现象日益常见，对于我国这样不成熟的股票市场，基金投资潮涌导致的股价暴涨暴跌对企业投资水平的影响和股价对企业投资水平的影响是同等重要的。因此，本部分基于上文提取的基金投资潮涌样本，从管理层工资率变动和管理层有限关注转移两方面分析基金投资潮涌对企业投资水平的影响效应和路径。

一　理论分析

高层梯队理论指出，企业是管理层特征的反映（Zahra et al.，2000），管理层对企业的经营发展具有决定性的作用（Coase，1937）。学者们已经从行为金融学和高层管理团队理论视角，就管理者背景特征对企业投资的影响进行了不少探讨，如 Barker 和 Mueller（2002）研究发现，管理层个人特质可以很好地解释样本企业研发投资强度差异；李焰等（2011）研究发现，在国有企业中，管理者的年龄、任期与投资规模之间呈显著负相关关系。以上研究表明，管理层个人特质在企业投资行为研究中处于重要地位，企业投资行为会受到决策者认知与行为偏差的影响（于洪鉴等，2018）。因此，基金投资潮涌导致的管理层的工资率变化和有限关注转移可能会影响到企业的投资水平。

1. 管理层工资率变化角度的理论分析

管理层一般持有本公司一定比例的股票（张庆、朱迪星，2014），基金投资潮涌现象的发生导致的个股股价暴涨暴跌将直接增加或减少管理层当期的财富。如果把这种财富效应视为公司对管理层的浮动工资激励，那么就将管理层的股市财富效应纳入了工资率中，这可以认为是股票的提供激励功能。在经济学中，工资率的变化会产生替代效应和收入效应，替代效应是指当工资率上升时，闲暇的价格也提高了，劳动者将减少闲暇而增加劳动供给；收入效应是指工资率的上升使劳动者更加富有，劳动者会追求更多的闲暇而减少劳动供给。

当发生正向（负向）基金投资潮涌时，个股股价暴涨（暴跌）导致的管理层的工资率上升（下降）也会产生替代效应和收入效应，进而改变企业投资水平。具体来讲，在正向基金投资潮涌下个股股价暴涨导致管理层的工资率上升的替代效应是，由于工资率上升，收入增加，管理层将减少闲暇时间而增加管理公司事务的时间，进而增加对企业投资决策事项的研究布局和对投资项目的跟进时间，最终可能导致企业投资增加。在正向基金投资潮涌下个股股价暴涨导致的管理层的工资率上升的收入效应是，由于工资率上升，收入增加，管理层将增加闲暇时间而减少管理公司事务的时间，进而减少对企业投资决策事项的研究布局和对投资项目的跟进时间，最终可能导致企业投资减少。与此相反，在负向基金投资潮涌下个股股价暴跌导致的管理层的工资率下降的替代效应将导致企业投资减少，收入效应将导致企业投资增加。由于管理层工资率变化的总效应为替代效应和收入效应之和，因此在正向（负向）基金投资潮涌下个股股价暴涨（暴跌）对企业投资水平的影响究竟是正向的还是负向的还有待下文的实证分析。

2. 管理层有限关注转移角度的理论分析

有限关注是指由于能力和精力上的局限，人们对信息的分析会受到一定限制，决策时往往表现出有限关注，当有限的注意力面对大量信息时，只能将注意力集中在特定事物上，从而减少对其他事物的关注程度，这已成为影响人们各方面决策的重要因素（Kahneman，1973）。在正向基金投资潮涌下，个股股价暴涨时，管理层的注意力将集中于处理和发布各种公告，进而可能忽视或者推迟企业投资事项的决策和跟进，从而导致企业投资较少。当然，在负向基金投资潮涌下，个股股价发生暴跌时，管理层的注意力也将集中于处理和发布各种公告以及如何拯救股价，同样可能会忽视或者推迟企业投资事项的决策和跟进，从而导致企业投资较少。以上可以认为是股票的深化分工与协作功能，管理层有限关注的转移，可能会减少企业投资，但是其实际影响是否与理论分析一致还需下文进一步验证。

二 基于 PSM-DID 的实证研究

1. 模型设定

考察基金投资潮涌对企业投资行为的影响，理想的做法是比较同一企业在其股票发生基金投资潮涌现象前后投资水平的差异。然而，现实中无法同时观察到同一企业的两种状态，因此本部分采用倾向得分匹配（PSM）方法构造"反事实"，进行双重差分法（DID）估计，PSM-DID 可以有效地解决内生性问题，提高研究结论的可靠性。借鉴 Heckman 等（1997）的研究方法，将样本分为发生基金投资潮涌组（实验组）和未发生基金投资潮涌组（对照组）。考虑到正向和负向基金投资潮涌对企业投资水平的影响可能不同，进一步将实验组细分为正向基金投资潮涌组（正向实验组）和负向基金投资潮涌组（负向实验组）。在此基础上，通过设定企业层面的匹配变量，采用 PSM 为实验组选择特征相近的样本作为对照组[1]；然后将匹配成功的样本进行 DID 回归，模型（4.4）和模型（4.5）分别表示 PSM 匹配和 DID 回归：

$$T_{i,t} = \alpha_0 + \alpha_1 INV_{i,t} + \alpha_2 INV_{i,t-1} + \alpha_3 Growth_{i,t} + \alpha_4 \ln Asset_{i,t} + \alpha_5 Lev_{i,t} +$$
$$\alpha_6 Cash_{i,t} + \alpha_7 MB_{i,t} + \alpha_8 Cent_{i,t} + \alpha_9 Indus_{i,t} + \varepsilon_{i,t} \tag{4.4}$$

$$INV_{i,t+1} = \beta_0 + \beta_1 Time_{i,t} \times Treat_{i,t} + \beta_2 Time_{i,t} + \beta_3 Treat_{i,t} + B1 \times ConVars1_{i,t} + \xi_{i,t} \tag{4.5}$$

模型（4.4）是一个 Logit 模型，以企业的股票是否发生基金投资潮涌事件（$T_{i,t}$）为被解释变量，如果企业 i 的股票在 t 期发生基金投资潮涌事件则取值为 1，否则取值为 0。借鉴李君平和徐龙炳（2015）、张晓宇等（2017）、王生年等（2018）的研究，选取 t 期的总资产增长率（$INV_{i,t}$）、$t-1$ 期的总资产增长率（$INV_{i,t-1}$），以及 t 期的营业总收入增长率（$Growth_{i,t}$）、资产总计对数（$\ln Asset_{i,t}$）、资产负债率（$Lev_{i,t}$）、现金资产比率（$Cash_{i,t}$）、账面市值比（$MB_{i,t}$）、股权集中度（$Cent_{i,t}$）和行业虚拟变量（$Indus_{i,t}$）等企业个体特征变量作为解释变量。$\varepsilon_{i,t}$ 为随机扰动项。首先进行 Logit 回归，回归系数为第 t 期企业的股票发生基金投资潮涌事件的概

---

① 区别于传统的逐一匹配，PSM 匹配法可以实现多元匹配，将多元变量浓缩成一个倾向得分值来选择配对样本。

率值也即倾向得分值，其次选取近邻匹配方法进行实验组和对照组倾向得分值的匹配。

模型（4.5）是 DID 模型，是对模型（4.4）匹配成功的样本进行回归的模型。该模型主要考察 t 期的基金投资潮涌事件对 $t+1$ 期企业投资水平的影响效应。结合张晓宇等（2017）、王生年等（2018）的研究，选取 $t+1$ 期的总资产增长率（$INV_{i,t+1}$）作为被解释变量，核心解释变量是基金投资潮涌分组虚拟变量 $Treat_{i,t}$ 和基金投资潮涌事件发生的时间虚拟变量 $Time_{i,t}$ 的交互项 $Time_{i,t} \times Treat_{i,t}$。由模型（4.5）可以发现，对于发生基金投资潮涌的样本（$Treat_{i,t}=1$），发生基金投资潮涌事件前后（$Time_{i,t}$ 分别为 0 和 1）企业的投资水平分别是 $\beta_0+\beta_3$ 和 $\beta_0+\beta_1+\beta_2+\beta_3$，发生基金投资潮涌事件前后实验组企业投资水平的变化幅度是 $\Delta INV_{t+1}=\beta_1+\beta_2$，这包含了基金投资潮涌事件及其他因素对企业投资水平的影响效应。同样地，对于未发生基金投资潮涌事件的样本（$Treat_{i,t}=0$），在实验组发生基金投资潮涌事件前后（$Time_{i,t}$ 分别为 0 和 1），对照组企业的投资水平分别是 β_0 和 $\beta_0+\beta_2$。可见，发生基金投资潮涌事件前后对照组企业投资水平的变化幅度是 $\Delta INV_0=\beta_2$，只包含其他因素对企业投资水平的影响，没有包含基金投资潮涌事件对企业投资水平的影响。因此，用实验组基金投资潮涌事件发生前后企业投资水平的差异 ΔINV_{t+1} 减去对照组基金投资潮涌事件发生前后企业投资水平的差异 ΔINV_0 即可得到基金投资潮涌事件对企业投资水平的净效应 $\Delta INV=\beta_1$，这是本部分关心的核心系数。如果基金投资潮涌事件会对企业投资水平产生影响，那么 β_1 的系数应该显著，其正负分别表示正向基金投资潮涌或者负向基金投资潮涌事件对企业投资具有促进或者抑制效应。$ConVars1_{i,t}$ 表示一系列的控制变量，同模型（4.4）的各个解释变量。$\xi_{i,t}$ 为随机扰动项。模型（4.4）和模型（4.5）中被解释变量和解释变量的定义及其计算方法见表 4.4，没有特殊说明的变量均取 t 期的数据。

表 4.4　变量定义及其计算方法

变量	变量含义	计算方法
$INV_{i,t+1}$	$t+1$ 期的总资产增长率	（资产总计本期期末值—资产总计本期期初值）／（资产总计本期期初值）
$T_{i,t}$	是否发生基金投资潮涌事件	虚拟变量，是为 1，否为 0

变量	变量含义	计算方法
$Treat_{i,t}$	分组虚拟变量	样本个股股价是否发生基金投资潮涌事件，是为1，否为0
$Time_{i,t}$	时间虚拟变量	该期个股股价是否已经发生基金投资潮涌事件，是为1，否为0
$INV_{i,t}$	t 期的总资产增长率	同 $INV_{i,t+1}$ 的计算方法
$INV_{i,t-1}$	$t-1$ 期的总资产增长率	同 $INV_{i,t+1}$ 的计算方法
$Growth_{i,t}$	营业总收入增长率	（营业总收入本年本期金额—营业总收入上年同期金额）／（营业总收入上年同期金额）
$lnAsset_{i,t}$	资产总计取对数	各项目资产总计取对数
$Lev_{i,t}$	资产负债率	负债合计/资产总计
$Cash_{i,t}$	现金资产比率	期末现金及现金等价物余额/资产总计
$MB_{i,t}$	账面市值比	资产总计/市值
$Cent_{i,t}$	股权集中度	第一大股东与第二大股东股权比例的比值
$Indus_{i,t}$	行业虚拟变量	1~6分别表示金融、公用事业、房地产、综合、工业、商业，剔除金融行业的样本

2. 样本说明与变量的描述性统计

为保证 PSM 匹配的合理性以及 DID 估计结果的有效性，结合第三章提取的基金投资潮涌的实验组样本，本部分只提取实验组样本中发生基金投资潮涌事件季度中的股票作为对照组样本，同时剔除实验组和对照组中主要数据缺失的公司样本，以及金融类上市公司、ST 和 PT 上市公司的样本。企业投资水平受其股票发生基金投资潮涌事件影响的时间长短是以"调整季度"衡量，而不是自然季度。例如，将企业投资水平受其股票发生基金投资潮涌事件影响的当季度记为第 0 季度，其前一季度记为 -1 季度，后 1 季度记为第 1 季度，以此类推，提取 -2 ~ 1 共 4 个季度的数据，这样就将不同样本发生基金投资潮涌事件的时间调整为同一季度。在上一步所提取样本的基础上剔除 -2、-1 和 1 季度数据缺失的样本。本部分的财务数据和市场数据若无特别说明均来源于 CSMAR 数据库，对所有连续变量进行 3% 水平下的 Winsorize 缩尾处理以降低离群值的影响，保证估计结果的稳健性。正向实验组-对照组样本和负向实验组-对照组样本的描述性统计如表 4.5 所示。

表 4.5 样本的描述性统计

变量	正向实验组-对照组				负向实验组-对照组			
	均值	标准差	最小值	最大值	均值	标准差	最小值	最大值
$INV_{i,t+1}$	0.0880	0.1406	−0.0878	0.5489	0.0932	0.1486	−0.0921	0.5770
$T_{i,t}$	0.1077	0.3100	0.0000	1.0000	0.0580	0.2337	0.0000	1.0000
$INV_{i,t}$	0.0863	0.1341	−0.0856	0.5212	0.0938	0.1472	−0.0893	0.5712
$INV_{i,t-1}$	0.0861	0.1320	−0.0841	0.5130	0.0919	0.1408	−0.0828	0.5526
$Growth_{i,t}$	0.1299	0.3005	−0.3561	1.0943	0.1347	0.2985	−0.3314	1.0687
$\ln Asset_{i,t}$	22.4506	1.2747	20.4848	25.4626	22.3405	1.2185	20.4453	25.2375
$Lev_{i,t}$	0.4379	0.2092	0.0805	0.8289	0.4182	0.2098	0.0709	0.8205
$Cash_{i,t}$	0.1494	0.1113	0.0215	0.4729	0.1634	0.1226	0.0239	0.5144
$MB_{i,t}$	0.4871	0.2480	0.1170	1.0138	0.4589	0.2441	0.1042	1.0007
$Cent_{i,t}$	10.0502	13.4400	1.0345	58.3736	9.5591	12.5114	1.0343	53.9692
$Indus_{i,t}$	4.5025	1.1156	2.0000	6.0000	4.4846	1.1257	2.0000	6.0000

3. 实证结果与分析

(1) PSM 匹配结果分析

在完成初步匹配后,需要进行平行假设检验和共同支撑假设检验,即检验实验组和对照组样本中各公司特征变量的均值是否存在显著差异,以及分别计算实验组和对照组的平均倾向得分值,并检验有无显著差异。以上两个假设检验均通过则表明实验组和对照组样本除发生基金投资潮涌与否这一差异之外,在公司特征层面上没有显著差异,这样才能进行下一步的 DID 估计。

本书利用模型 (4.4) 进行 PSM 匹配的检验结果如表 4.6 和图 4.1 所示。表 4.6 的结果显示,无论是正向实验组-对照组还是负向实验组-对照组,在 PSM 匹配后,大部分变量的 t 统计量不存在显著差异,并且各变量的平均值偏差的绝对值均小于 10%,说明以上变量在实验组和对照组中均衡分布,实验组和对照组通过以上变量基本无法分辨,满足统计意义上的同质性要求,通过平行假设检验,符合 DID 估计方法使用的基本假设条件 (陈林、伍海军,2015)。由图 4.1 可知,无论是正向实验组-对照组还是负向实验组-对照组,在 PSM 匹配后,倾向得分值的分布情况基本无差异,通过共同支撑假设检验。表 4.6 和图 4.1 的结果有效地证实了本部分的 PSM 匹配效果良好,为下文的 DID 回归估计筛选出了较为理想的配对样本，有助于得到基金投资潮涌事件对企业投资水平的真实影响效应。

表 4.6 PSM 匹配前后的样本特征对比

变量	样本	正向实验组-对照组					负向实验组-对照组				
		平均值		偏差（%）	偏差减幅（%）	t 值	平均值		偏差（%）	偏差减幅（%）	t 值
		实验组	对照组				实验组	对照组			
$INV_{i,t}$	匹配前	0.1078	0.0838	16.5	96.6	6.66***	0.1411	0.0909	28.9	75.1	6.44***
	匹配后	0.1070	0.1061	0.6		0.15	0.1257	0.1382	-7.2		-0.89
$INV_{i,t-1}$	匹配前	0.1055	0.0838	15.2	94.6	6.11***	0.1465	0.0885	34.6	90.6	7.79***
	匹配后	0.1049	0.1061	-0.8		-0.22	0.1324	0.1270	3.2		0.41
$Growth_{i,t}$	匹配前	0.1873	0.1229	19.8	93.6	7.97***	0.1372	0.1346	0.9	-716.2	0.17
	匹配后	0.1862	0.1903	-1.3		-0.33	0.1398	0.1616	-7		-0.9
$lnAsset_{i,t}$	匹配前	22.1920	22.4820	-22.8	98.1	-8.48***	21.9510	22.3640	-35.3	83.3	-6.41***
	匹配后	22.1950	22.1900	0.4		0.12	22.0020	22.0710	-5.9		-0.83
$Lev_{i,t}$	匹配前	0.4299	0.4389	-4.2	71.4	-1.59	0.4053	0.4190	-6.5	51.4	-1.23
	匹配后	0.4292	0.4318	-1.2		-0.34	0.4093	0.4160	-3.2		-0.42
$Cash_{i,t}$	匹配前	0.1499	0.1493	0.5	-66.2	0.2	0.1899	0.1617	20.5	57.6	4.33***
	匹配后	0.1496	0.1506	-0.9		-0.25	0.1845	0.1965	-8.7		-1.09
$MB_{i,t}$	匹配前	0.4190	0.4953	-31.1	92.2	-11.49***	0.3797	0.4638	-36.5	99.4	-6.5***
	匹配后	0.4196	0.4255	-2.4		-0.69	0.3867	0.3872	-0.2		-0.03
$Cent_{i,t}$	匹配前	7.6111	10.3450	-22.2	76	-7.57***	8.3259	9.6350	-10.6	58.8	-1.97**
	匹配后	7.6233	8.2800	-5.3		-1.68*	8.5554	8.0162	4.4		0.61
$Indus_{i,t}$	匹配前	4.2713	4.5304	-21.9	70.3	-8.65***	4.2553	4.4987	-20.6	78.5	-4.07***
	匹配后	4.2757	4.1987	6.5		1.67*	4.3278	4.2755	4.4		0.58

注：*、** 和 *** 分别表示显著性水平为 10%、5% 和 1%。

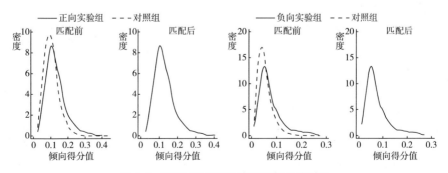

图 4.1 PSM 匹配前后的倾向得分值对比

（2）个股发生基金投资潮涌对企业投资水平的影响效应分析

DID 估计结果如表 4.7 所示，从表 4.7 中可知，无论是正向实验组-对照组还是负向实验组-对照组的样本，$Time_{i,t} \times Treat_{i,t}$ 的系数均为负值且显著，这表明个股发生基金投资潮涌事件会对企业投资水平产生抑制效应。具体地，正向实验组-对照组列（4）的结果显示，$Time_{i,t} \times Treat_{i,t}$ 的系数为 -0.0213，且通过了 1% 的显著性水平检验，说明个股发生正向基金投资潮涌事件会抑制企业下一季度的投资。列（1）~列（3）通过增减变量个数重新对样本进行估计，以对列（4）回归结果进行稳健性检验，结果表明各项估计系数并没有发生显著的变化，因此以上的估计结果具有稳健性。负向实验组-对照组列（8）的结果显示，$Time_{i,t} \times Treat_{i,t}$ 的系数为 -0.0264，且通过了 10% 的显著性水平检验，说明个股发生负向基金投资潮涌事件同样会抑制企业下一季度的投资。列（5）~列（7）同样通过增减变量个数重新对样本进行估计，以对列（8）回归结果进行稳健性检验，结果表明各项估计系数并没有发生显著的变化，因此以上的估计结果具有稳健性。

以上实证结果表明个股无论是发生正向基金投资潮涌还是负向基金投资潮涌均会抑制企业投资，联系上文的理论分析，基金投资潮涌既会导致管理层工资率发生变化又会转移管理层的有限关注，从而抑制企业的投资。然而，从本部分的实证结果来看，管理层工资率的变化和有限关注的转移是否同时影响正向基金投资潮涌实验组和负向基金投资潮涌实验组，以及影响效应是否一致还不甚明确，有待下文的进一步研究。

表 4.7　个股发生基金投资潮涌对企业投资水平的影响效应

变量	正向实验组-对照组				负向实验组-对照组			
	（1）	（2）	（3）	（4）	（5）	（6）	（7）	（8）
$Time_{i,t} \times$ $Treat_{i,t}$	−0.0215 ***	−0.0213 ***	−0.0216 ***	−0.0213 ***	−0.0217	−0.0214	−0.0249 *	−0.0264 *
	(−3.33)	(−3.30)	(−3.33)	(−3.30)	(−1.59)	(−1.57)	(−1.83)	(−1.94)
$Time_{i,t}$	−0.0028	−0.0029	−0.0028	−0.0028	−0.0063 *	−0.0065 **	−0.0063 *	−0.0066 **
	(−1.32)	(−1.35)	(−1.29)	(−1.33)	(−1.92)	(−2.00)	(−1.94)	(−2.03)
$Treat_{i,t}$	0.0227 ***	0.0221 ***	0.0221 ***	0.0214 ***	0.0236 **	0.0234 **	0.0247 **	0.0246 **
	(4.97)	(4.84)	(4.82)	(4.68)	(2.45)	(2.43)	(2.57)	(2.55)
$INV_{i,t}$	0.5009 ***	0.4994 ***	0.5006 ***	0.4990 ***	0.4940 ***	0.4926 ***	0.4940 ***	0.4919 ***
	(57.13)	(56.88)	(56.89)	(56.81)	(38.69)	(38.54)	(38.73)	(38.53)

续表

变量	正向实验组-对照组				负向实验组-对照组			
	(1)	(2)	(3)	(4)	(5)	(6)	(7)	(8)
$INV_{i,t-1}$	−0.0229 **	−0.0236 ***	−0.0234 ***	−0.0239 ***	−0.0361 ***	−0.0366 ***	−0.0360 ***	−0.0375 ***
	(−2.57)	(−2.64)	(−2.60)	(−2.67)	(−2.71)	(−2.75)	(−2.71)	(−2.82)
$Growth_{i,t}$	0.0440 ***	0.0432 ***	0.0435 ***	0.0425 ***	0.0582 ***	0.0571 ***	0.0568 ***	0.0559 ***
	(12.26)	(11.99)	(12.03)	(11.77)	(10.24)	(9.98)	(9.96)	(9.75)
$lnAsset_{i,t}$	0.0046 ***	0.0047 ***	0.0043 ***	0.0045 ***	−0.0033 *	−0.0032 *	−0.0035 *	−0.0033 *
	(3.78)	(3.87)	(3.50)	(3.69)	(−1.71)	(−1.66)	(−1.83)	(−1.72)
$Lev_{i,t}$	0.0251 ***	0.0264 ***	0.0253 ***	0.0259 ***	0.0154	0.0178	0.0142	0.0161
	(3.64)	(3.81)	(3.61)	(3.73)	(1.41)	(1.63)	(1.31)	(1.48)
$Cash_{i,t}$	−0.0757 ***	−0.0760 ***	−0.0803 ***	−0.0783 ***	−0.0824 ***	−0.0821 ***	−0.0869 ***	−0.0870 ***
	(−7.59)	(−7.61)	(−7.94)	(−7.82)	(−5.66)	(−5.65)	(−5.96)	(−5.97)
$MB_{i,t}$	−0.0814 ***	−0.0808 ***	−0.0823 ***	−0.0804 ***	−0.0256 ***	−0.0251 ***	−0.0244 ***	−0.0237 ***
	(−13.07)	(−12.91)	(−13.05)	(−12.82)	(−2.75)	(−2.68)	(−2.61)	(−2.53)
$Cent_{i,t}$	—	−0.0002 ***	—	−0.0002 ***	—	−0.0003 **	—	−0.0003 **
		(−2.96)		(−3.19)		(−2.17)		(−2.21)
$Indus_{i,t}$	—	—	−0.0028 ***	−0.0028 ***	—	—	−0.0040 ***	−0.0041 ***
			(−3.04)	(−3.06)			(−2.82)	(−2.89)
β_0	−0.0214	−0.0220	−0.0017	−0.0040	0.1369 ***	0.1363 ***	0.1605 ***	0.1586 ***
	(−0.87)	(−0.9)	(−0.07)	(−0.16)	(3.47)	(3.46)	(3.99)	(3.95)
N	14359	14340	14244	14317	6468	6460	6468	6471
调整 R^2	0.2758	0.2756	0.2751	0.2761	0.2725	0.2729	0.2734	0.2734

注：括号中为 t 值，*、**和***分别表示显著性水平为 10%、5%和 1%。

4. 影响路径检验

（1）管理层工资率变化影响路径的实证检验

本部分通过构建 DID 模型（4.6）和时间固定效应面板模型（4.7）来检验管理层工资率变化对企业投资的抑制效应。模型（4.6）的被解释变量 $lnWealth_{i,t}$ 为管理层 t 期的持股市值取对数，持股市值计算公式为管理层 t 期的持股数量乘以 t 期股票收盘价，以此来表征管理层工资率；模型中 $Treat_{i,t}$、$Time_{i,t}$ 和 $Time_{i,t} \times Treat_{i,t}$ 的定义同前文；$ConVars2_{i,t}$ 为一系列控制变量，包括 $Lev_{i,t}$、$Cash_{i,t}$、$Cent_{i,t}$、$Indus_{i,t}$、$Market\_value_{i,t}$（市值，计算公式为 t 期总股数乘以 t 期股价）、$Turnover\_rate_{i,t}$（换手率，用 t 期流通股季换手率表征）和 $Market\_return_{i,t}$（市场季收益率，用 t 期流通市值加权平均市场季收益率表征）；选取−5~4 共 10 个调整季度的数据。模型（4.7）

的被解释变量为 $INV_{i,t+1}$；关键解释变量为 $\ln Wealth_{i,t}$；$ConVars3_{i,t}$ 为一系列控制变量，包括 $INV_{i,t}$、$\ln Asset_{i,t}$、$Lev_{i,t}$、$Cash_{i,t}$、$MB_{i,t}$ 和 $Cent_{i,t}$；鉴于主要考察发生基金投资潮涌事件后管理层工资率对投资水平的影响效应，选取 0~4 共 5 个调整季度的数据。

$$\ln Wealth_{i,t} = \alpha_0 + \alpha_1 Time_{i,t} \times Treat_{i,t} + \alpha_2 Time_{i,t} + \alpha_3 Treat_{i,t} + B2 \times ConVars2_{i,t} + \varepsilon_{i,t} \tag{4.6}$$

$$INV_{i,t+1} = \beta_0 + \beta_1 \ln Wealth_{i,t} + B3 \times ConVars3_{i,t} + \xi_{i,t} \tag{4.7}$$

该条影响路径的检验思路为：如果模型（4.6）的估计结果表明 $Time_{i,t} \times Treat_{i,t}$ 的系数显著为正（负），并且模型（4.7）的估计结果表明 $\ln Wealth_{i,t}$ 的系数显著为负（正），那么说明正向基金投资潮涌或者负向基金投资潮涌事件的发生会对管理层工资率产生正（负）向的影响，管理层工资率会抑制（促进）企业投资，即以 $\ln Wealth_{i,t}$ 为中介变量，正向基金投资潮涌或者负向基金投资潮涌事件的发生会抑制（促进）企业投资。

模型（4.6）和模型（4.7）的估计结果如表 4.8 所示。对于正向实验组-对照组，模型（4.6）的 $Time_{i,t} \times Treat_{i,t}$ 的系数显著为正，模型（4.7）的 $\ln Wealth_{i,t}$ 的系数显著为负，符合以上的检验思路。这表明正向实验组-对照组管理层工资率变化影响路径可以表述如下：个股发生基金投资潮涌事件导致管理层工资率上升，管理层工资率上升的收入效应大于替代效应，管理层增加闲暇时间而减少管理公司事务时间，进而减少对企业投资决策事项的研究布局和对投资项目的跟进时间，最终导致企业投资减少。对于负向实验组－对照组，模型（4.6）的 $Time_{i,t} \times Treat_{i,t}$ 和模型（4.7）的 $\ln Wealth_{i,t}$ 的系数均不显著，这表明负向实验组-对照组管理层工资率变化不是个股发生基金投资潮涌事件抑制企业投资的影响路径。

表 4.8 管理层工资率变化影响路径的实证检验估计结果

模型（4.6）的估计结果			模型（4.7）的估计结果		
变量	（1）正向实验组-对照组	（2）负向实验组-对照组	变量	（3）正向实验组-对照组	（4）负向实验组-对照组
$Time_{i,t} \times Treat_{i,t}$	0.2885 ** (2.26)	-0.0347 (-0.14)	$\ln Wealth_{i,t}$	-0.0203 *** (-2.67)	0.0042 (0.63)

续表

	模型（4.6）的估计结果			模型（4.7）的估计结果	
变量	（1）正向实验组-对照组	（2）负向实验组-对照组	变量	（3）正向实验组-对照组	（4）负向实验组-对照组
$Time_{i,t}$	0.4214*** (9.60)	0.3554*** (5.71)	$INV_{i,t}$	-0.0848*** (-10.39)	0.4355*** (34.33)
$Treat_{i,t}$	-0.1007 (-1.09)	0.2457 (1.30)	$\ln Asset_{i,t}$	-0.0923*** (-2.93)	-0.2989*** (-10.07)
$Lev_{i,t}$	-6.1175*** (-50.30)	-5.7984*** (-33.18)	$Lev_{i,t}$	0.1990** (2.38)	0.1395** (2.39)
$Cash_{i,t}$	0.5484*** (2.82)	0.1644 (0.64)	$Cash_{i,t}$	0.3227*** (4.48)	0.0520 (0.90)
$Cent_{i,t}$	-0.0831*** (-50.24)	-0.0904*** (-35.29)	$MB_{i,t}$	-0.0977* (-1.84)	0.2015*** (4.09)
$Indus_{i,t}$	-0.0781*** (-4.30)	-0.1472*** (-5.77)	$Cent_{i,t}$	-0.0003 (-0.70)	0.0000 (0.09)
$Market\_value_{i,t}$	-0.0264 (-1.08)	-0.0386 (-1.10)	β_0	2.4530*** (3.59)	6.5500*** (10.22)
$Turnover\_rate_{i,t}$	0.0002 (0.89)	0.0001 (0.37)	时间固定效应	控制	控制
$Market\_return_{i,t}$	1.1509*** (10.89)	1.2647*** (7.54)	N	14964	6850
α_0	21.7761*** (37.82)	22.5512*** (27.22)	组内 R^2	0.0242	0.2056
N	29455	13485			
调整 R^2	0.2197	0.2237			

注：括号中为 t 值，*、** 和 *** 分别表示显著性水平为 10%、5% 和 1%。

（2）管理层有限关注转移影响路径的实证检验

本部分通过构建 DID 模型（4.8）和时间固定效应面板模型（4.9）来检验管理层有限关注转移对企业投资的抑制效应。模型（4.8）的被解释变量 $Working_{i,t}$ 为 t 期上市公司临时公告①数增长率的倒数，其可以直观地

---

① 上市公司临时公告的类型包括董事会公告、股东大会公告、监事会公告、公司公告、法律意见书、财务报告、中国证监会公告、交易所公告、中介机构公告、基金投资组合公告、回访报告、独立董事声明、债券公告、三板市场公司公告、收购报告书、新股发行公告、增发发行公告、债券发行公告、基金发行公告、配股发行公告、增发股本变动公告、配股股本变动公告、债券上市公告、分红公告、期货公告、股权分置改革说明书和其他公告，资料来源于 RESSET 金融研究数据库。以上各类型公告基本上都会对股价产生影响或者是由于股价的波动而进行的公告，因此本书认为一段时间内的上市公司临时公告的数量可以在一定程度上反映管理层处理公司股票暴涨或者暴跌事件的时间长短。

反映管理层处理投资相关事件的时间长短。t 期上市公司的临时公告数增速越大，管理层忙于处理公司股票暴涨或者暴跌事件的时间就越多，t 期上市公司临时公告数增长率倒数就越小，表明管理层处理投资相关事项的时间就越少；反之，t 期上市公司临时公告数增长率倒数越大，表明管理层处理投资相关事项的时间就越多。公司临时公告数据来源于 RESSET 金融研究数据库。模型中 $Treat_{i,t}$、$Time_{i,t}$ 和 $Time_{i,t} \times Treat_{i,t}$ 的定义同前文；$ConVars4_{i,t}$ 为一系列控制变量，包括 $INV_{i,t}$、$Net\_Growth_{i,t}$ [净利润增长率，计算公式为（t 期净利润－（$t-1$）期净利润）／ $t-1$ 期净利润]、$\ln Asset_{i,t}$、$Lev_{i,t}$、$Cent_{i,t}$、$Indus_{i,t}$、$LnHolding_{i,t}$（t 期管理层持股数取对数）；选取$-3 \sim 1$ 共 5 个调整季度的数据。

$$Working_{i,t} = \alpha_0 + \alpha_1 Time_{i,t} \times Treat_{i,t} + \alpha_2 Time_{i,t} + \alpha_3 Treat_{i,t} + B4 \times ConVars4_{i,t} + \varepsilon_{i,t} \tag{4.8}$$

$$INV_{i,t+1} = \beta_0 + \beta_1 Working_{i,t} + B5 \times ConVars5_{i,t} + \xi_{i,t} \tag{4.9}$$

模型（4.9）的被解释变量为 $INV_{i,t+1}$；关键解释变量为 $Working_{i,t}$；$ConVars5$ 为一系列控制变量，包括 $INV_{i,t}$、$\ln Asset_{i,t}$、$Lev_{i,t}$、$Cash_{i,t}$、$MB_{i,t}$、$Cent_{i,t}$、$LnHolding_{i,t}$ 和 $Price_{i,t}$（t 期收盘价）。鉴于主要考察发生基金投资潮涌后管理层有限关注转移对投资水平的影响效应，选取 $0 \sim 4$ 共 5 个调整季度的数据。

与上条影响路径的检验思路类似，本条影响路径的检验思路为：如果模型（4.8）的估计结果表明 $Time_{i,t} \times Treat_{i,t}$ 的系数显著为正（负），并且模型（4.9）的估计结果表明 $Working_{i,t}$ 的系数显著为负（正），那么说明正向基金投资潮涌或者负向基金投资潮涌事件的发生会增加（减少）管理层处理股票事宜的注意力，管理层有限关注的转移会抑制（促进）企业投资，即以 $Working_{i,t}$ 为中介变量，正向基金投资潮涌或者负向基金投资潮涌事件的发生会抑制企业投资。

模型（4.8）和模型（4.9）的估计结果如表 4.9 所示。对于负向实验组-对照组，模型（4.8）的 $Time_{i,t} \times Treat_{i,t}$ 的系数显著为负，模型（4.9）的 $Working_{i,t}$ 的系数显著为正，符合以上的检验思路。这表明负向实验组-对照组管理层有限关注转移影响路径可以表述如下：个股发生负向基金投资潮涌事件导致管理层将注意力集中于处理和发布各种公告以及如何拯救股价，忽视或者推迟企业投资事项的决策和跟进，最终导致企业投资减少。对于正向实验组-对照组，模型（4.8）的 $Time_{i,t} \times Treat_{i,t}$ 和模型（4.9）的 $Working_{i,t}$ 的系数均不显著，这表明正向实验组-对照组管理层有限关注转移不是个股发生正向基金投资潮涌事件抑制企业投资的影响路径。

表 4.9　管理层有限关注转移影响路径的实证检验估计结果

	模型（4.8）的估计结果			模型（4.9）的估计结果	
变量	（1）正向实验组-对照组	（2）负向实验组-对照组	变量	（3）正向实验组-对照组	（4）负向实验组-对照组
$Time_{i,t} \times Treat_{i,t}$	-0.1141 (-0.30)	-1.2962 * (-1.67)	$Working_{i,t}$	0.0004 (1.45)	0.0008 * (1.89)
$Time_{i,t}$	-0.1278 (-0.99)	-0.4443 ** (-2.49)	$INV_{i,t}$	0.1454 *** (12.35)	0.2189 *** (11.50)
$Treat_{i,t}$	-0.0152 (-0.06)	1.2694 ** (2.49)	$lnAsset_{i,t}$	-0.0371 *** (-3.01)	-0.2218 *** (-9.41)
$INV_{i,t}$	0.0479 (0.44)	-0.3228 (-1.37)	$Lev_{i,t}$	0.1312 *** (3.98)	0.2282 *** (4.35)
$Net\_Growth_{i,t}$	0.0018 (1.57)	0.0024 * (1.65)	$Cash_{i,t}$	-0.1404 *** (-4.82)	-0.0443 (-1.01)
$lnAsset_{i,t}$	0.0409 (0.69)	0.0742 (0.85)	$MB_{i,t}$	-0.1444 *** (-6.49)	-0.0623 (-1.44)
$Lev_{i,t}$	-0.8452 ** (-2.29)	0.0738 (0.14)	$Cent_{i,t}$	-0.0002 (-0.75)	-0.0006 (-0.97)
$Cent_{i,t}$	0.0081 *** (2.72)	0.0007 (0.14)	$lnHolding_{i,t}$	0.0144 *** (4.58)	0.0120 ** (2.21)
$Indus_{i,t}$	0.0415 (0.77)	0.0425 (0.56)	$Price_{i,t}$	-0.0029 *** (-10.26)	-0.0042 *** (-7.66)
$LnHolding_{i,t}$	0.0297 * (1.69)	0.0328 (1.25)	β_0	0.7543 *** (2.81)	4.9038 *** (9.51)
α_0	-1.8363 (-1.39)	-2.8233 (-1.43)	时间固定效应	控制	控制
N	14442	6610	N	11695	5351
调整 R^2	0.0008	0.0015	组内 R^2	0.0898	0.1183

注：括号中为 t 值，*、** 和 *** 分别表示显著性水平为 10%、5% 和 1%。

（3）进一步讨论

以上影响路径的实证结果表明个股发生正向基金投资潮涌和负向基金投资潮涌事件抑制企业投资的影响路径是不一样的。个股发生正向基金投资潮涌事件通过管理层工资率变化这一影响路径来抑制企业投资，而个股发生负向基金投资潮涌事件通过管理层有限关注转移这一影响路径来抑制企业投资。本书认为以上差异的原因在于，管理层对于公司股票发生暴涨和暴跌事件态度的差异，本着对股东和投资者负责的态度，管理层需要确保公司股价的稳步上升。如果公司股价在正向基金投资潮涌事件下暴涨，管理层仅需要例行发布公告对投资者进行风险提示，这只是例行事项，并不需要花费管理层太多精力，因此管理层有限关注转移这一影响路径不发生作用，但是由此带来管理层浮动工资率的增加却是显著的，并且管理层工资率上升的收入效应大于替代效应，管理层增加闲暇时间而减少管理公司事务的时间，进而减少对企业投资决策事项的研究布局和对投资项目的跟进时间，最终导致企业投资减少。如果公司股价在负向基金投资潮涌事件下暴跌，此时管理层的首要工作是将注意力集中于处理和发布各种公告以及如何拯救股价，这需要花费大量的时间，管理层无心考虑自身财富的变动，因此管理层工资率变动这一影响路径不发生作用，有限关注转移这一影响路径发生作用。

第三节　基金投资潮涌对个人投资者福利水平的冲击效应与实证研究

股票投资是我国民众广泛参与投资的渠道，然而当前股市时常出现个股股价暴涨暴跌的情形，这不仅严重破坏股票市场的稳定性，还会对个人投资者的利益造成损害，已经成为满足人民日益增长的美好生活需要的制约因素之一。个人投资者在专业知识和经济实力等方面与机构投资者存在差距，在股票市场中个人投资者往往处于绝对劣势地位，很容易成为机构投资者"收割"和"蚕食"的对象，导致个人投资者的投资遭受损失，福利水平急剧变化，这不仅会影响他们的市场信心，还不利于股票市场的繁荣与稳定。在当前股市"妖股"横行、个股股价暴涨暴跌的背景下，对个人投资者福利效应造成损失的不仅是股价的变动，其持股量变动也是一个不可忽视的重要因素。然而，现有研究投资者福利效应的文献一般假设投资者的持股量保持不变，只进行股价变动的福利效应分析（李乃虎，2012），这不能全面地解释投资者福利效应的变动，只有综合股价波动和持股量变化两个指标才能合理有效地测算出投资者的福利水平变动。基于此，本部分首先利用双曲绝对风险厌恶（Hyperbolic Absolute Risk Aversion，HARA）效用函数推导出递减绝对风险厌恶者和递增绝对风险厌恶者的效用函数，其次研究在基金投资潮涌背景下，个股股价和持股量同时变化对这两类个人投资者福利水平变动的影响，并对福利水平的变动做进一步分析，以期全面地反映个人投资者福利水平的变动趋势，为保护个人投资者利益和保障股票市场的繁荣与稳定提供理论基础和经验借鉴。

一　效用函数模型推导与理论分析

由于福利是个抽象的概念，现有文献的研究方法大多是从效用的角度来进行考察。效用是指人们对于某项行为的满意程度，是一种主观的心理感受（叶中行、林建忠，1998）。股市投资有风险，在研究带有风险的投资决策行为时，一般假设投资者是风险厌恶型的（李建新、胡刚，2005；郑晓亚等，2015）。借鉴张凌梅等（2006）的做法，本书利用绝对风险厌恶系数作为测度风险厌恶的指标，用 $R_A(W)$ 表示，W 表示财富水平。$R_A(W)$ 是一个局部概念，其值既依赖特定的财富水平，也依赖其效用函数的具体形式，因此财富水平相同但具有不同的效用函数的决策者，他们将具有不同的风险厌恶水平。根据绝对风险厌恶相对于财富水平的变化而变化的关系可以将绝对风险厌恶程度分为递增绝对风险厌恶型、常绝对风险厌恶型和递减绝对风险厌恶型。由阿罗 - 普拉特定理可知，对于递增绝对风险厌恶型的投资者而言，随着个人财富的增加，其对风险资产的投资将减少，视风险资产为劣质品；对于递减绝对风险厌恶型的投资者而言，随着个人财富的增加，其对风险资产的投资将增加，视风险资产为正常品；对于常绝对风险厌恶型的投资者而言，其对风险资产的需求与其财富的变化无关（叶中行、林建忠，1998）。

现有文献假设投资者对风险的偏好程度满足 HARA 效用函数（Cass and Stiglitz，1970；马娟等，2017），该效用函数是截至目前包容性比较广的效用函数，包含幂效用、对数效用和指数效用等特殊情形，已经被广泛运用于均衡资产定价和风险管理等研究。借鉴叶中行和林建忠（1998）、李乃虎（2012）、Zhu 等（2015）的做法，本部分利用 HARA 效用函数来推导递增绝对风险厌恶型和递减绝对风险厌恶型个人投资者在个股发生基金投资潮涌背景下股价波动和持股量变化共同作用下的福利变动情况。如果 S 个未来状态概率分别为 Q_1，Q_2，…，Q_s，$Q_1 \sim Q_s$ 均大于零且 $Q_1 + Q_2 + \cdots + Q_s = 1$，那么一种常见的效用函数为：$u(w^0, w^1, \cdots, w^s) = v(w^0) + \delta \sum_{s=1}^{S} Q_s v(w^s)$。其中，$v$ 为定义在 R^+ 上的严格递增连续凹函数，$\delta \in (0, 1)$，代表"折现因子"。这时，u 就可以看作期望效用函数，形式为：

$$u(W) = \frac{1-\gamma}{\gamma} \left(\frac{aW}{1-\gamma} + b \right)^{\gamma}, b > 0, \gamma > 0 \qquad (4.10)$$

式（4.10）的效用函数即为双曲绝对风险厌恶效用函数，其一阶导数和二阶导数分别为 $u'(W) = a[aW/(1-\gamma) + b]^{\gamma-1}$ 和 $u''(W) = -a^2[aW/(1-\gamma) + b]^{\gamma-2}$。该效用函数的风险厌恶系数为 $R_A(W) = -u''(W)/u'(W) = a(1-\gamma)/[aW + b(1-\gamma)]$，并满足 $T_u(W) = 1/R_A(W) = W/(1-\gamma) + b/a$，$R_A$ 是一个线性函数，R_A 的一阶导数为 $R_A'(W) = -a^2(1-\gamma)/[aW + b(1-\gamma)]^2$。该类函数的特点是其风险厌恶程度的绝对值随着投资者的财富量 W 的绝对值增大而减小，从风险投资的角度来讲就是"钱越多就越对风险不在乎"。但是其符号还取决 γ 与 1 的大小关系，$\gamma < 1$ 对应"钱越多就越不怕风险"，即风险厌恶程度随着投资者的浮动财富量的增加而下降；$\gamma > 1$ 对应"钱越多就越不想冒风险"，即风险厌恶程度随着财富量的增加而提高。在此，为了使幂函数有意义，还存在一个约束条件 $b + aW/(1-\gamma) > 0$，使得 W 对 $\gamma < 1$ 有下界，对 $\gamma > 1$ 有上界。

$\gamma = 1$ 时投资者的风险厌恶系数为常数，即 $R_A(W) = 0$，$R_A'(W) = 0$，由 HARA 模型可以得到此时的财富的效用函数为 $u(W) = aW$，这是风险中性情形。由于现有文献一般假定投资者是风险厌恶的（李建新、胡刚，2005；郑晓亚等，2015），并且风险中性模型的效用只是简单地随财富线性变化，故本书将不对风险中性情况做具体的讨论，而将重点放在风险厌恶型投资者上。

对于风险厌恶型投资者要视具体情况而定，当 $\gamma = 2$ 时，由 HARA 模型可以得到财富的效用函数为 $u(W) = -0.5(b - aW)^2$，该效用函数是二次函数形式，这是在经济学和金融学文献中最常用的用于描述递增风险厌恶型投资者效用的函数，此时其绝对风险厌恶系数 $R_A(W) = a/(b - aW)$，$R_A'(W) = [a/(b - aW)]^2 > 0$，说明投资者是递增绝对风险厌恶型。由保证 HARA 函数有意义的约束条件 $b + aW/(1 - \gamma) > 0$ 及 $\gamma = 2$ 可得到 $b > aW$，为此本书假设 $b = 2aW$，故可得简化的递增绝对风险厌恶者效用函数为：$u(W) = -0.5a^2W^2$。由以上的讨论可知，递增绝对风险厌恶类型投资者其 $R_A'(W) > 0$，表明当财富增加时其风险厌恶水平会上升，投资于风险资产的金额会减少，反之，其风险厌恶水平会下降，投资于风险资产的金额会增多。由此可见，对于该类型投资者来讲风险资产是劣质品。对应于本书，股票市值即为投资者的财富，$W = nP$，其中 n 为持股量，P 为股价，同时为了简化计算假设 $a = 1$。将 $W = nP$ 代入递增绝对风险厌恶者效用函数可得递增绝对风险厌恶股票投资者的效用函数，如式（4.11）所示。当股价上涨使得该类型投资者的浮动财富增加，同时股价下跌概率加大时，如果该类型投资者不减少风险资产的投资额，及时获利了结，那么该类型投资者的效用水平将下降，福利状况将变差；相反，当股价下跌使得该类型投资者的浮动财富减少，同时股价上涨概率加大时，如果该类型投资者不减少风险资产的投资额，及时获利了结或者止损退出，那么该类型投资者的效用水平将上升，福利状况将得到改善（李乃虎，2012）。

$$u(nP) = -0.5(nP)^2 \tag{4.11}$$

当 $b = 1$ 时，令 $\gamma \to -\infty$，$u(W) \to -e^{-aW}$，此时效用函数为 $u(W) = -e^{-aW}$，其风险厌恶系数为 $R_A(W) = a$，$R_A'(W) = 0$，说明投资者是常绝对风险厌恶类型。由于常绝对风险厌恶型投资者投资于风险资产的金额与财富变动无关，福利状况相对稳定（李乃虎，2012），同时张琳琬和吴卫星（2016）的研究拒绝了常用于经济学模型假设的常绝对风险厌恶偏好，因此本书不对常绝对风险厌恶型投资者做详细的讨论。

当 $\gamma \to 0$ 时，由于 $\lim\limits_{\gamma \to 0}(W^\gamma - 1)/\gamma = \log(W)$，因此，在某种意义下可以将 $u(W) = \ln(aW)$ 看作 $\gamma = 0$ 的 HARA 效用函数，此时其风险厌恶系数为 $R_A(W) = 1/W$，$R_A'(W) = -1/W^2 < 0$，说明投资者是递减绝对风险厌恶类型，表明当财富增加时其风险厌恶水平会下降，投资于风险资产的金额

会增加，反之，其风险厌恶水平会上升，会减少投资于风险资产的金额。由此可见，对于该类型投资者来讲风险资产是正常品。将 $W = nP$ 和 $a = 1$ 代入递减绝对风险厌恶者效用函数可得递减绝对风险厌恶股票投资者的效用函数，如式（4.12）所示。当股价上涨使得该类型投资者的浮动财富增加，同时股价下跌概率加大时，如果该类型投资者不减少风险资产的投资额，及时获利了结，那么该类型投资者的效用水平将上升，福利状况将得到改善；相反，当股价下跌使得该类型投资者的浮动财富减少，同时股价上涨概率加大时，如果该类型投资者不减少风险资产的投资额，及时获利了结或者止损退出，那么该类型投资者的效用水平将下降，福利状况将变差（李乃虎，2012）。

$$u(nP) = \ln(nP) \tag{4.12}$$

二 实证研究

1. 样本及变量的描述性统计

由上文的模型推导可知，计算个股发生基金投资潮涌背景下递增和递减绝对风险厌恶类型投资者的福利效应需要提取个股发生基金投资潮涌的股票样本以及样本的股价（P）和个人投资者的持股量（n）。为了动态展现各类型投资者效用水平的变化趋势，本章基于第三章提取的正向和负向基金投资潮涌样本，将样本股票发生基金投资潮涌现象的季度记为 0 期，还各提取了 0 期往前 7 个季度（记为 −7 ~ −1）和往后 7 个季度（记为 1 ~ 7）的数据，并剔除这 15 个季度中数据不完全的股票样本，最终满足以上要求的正（负）向基金投资潮涌样本有 235（47）个，样本的描述性统计如表 4.10 所示。

表 4.10　样本的描述性统计

分组	样本数	变量（单位）	均值	最大值	最小值	标准差
正向基金投资潮涌	3525	n（股）	1.25×10^9	3.16×10^{10}	1.61×10^7	3.06×10^9
		P（元）	15.85	134.89	1.79	12.06
负向基金投资潮涌	705	n（股）	6.35×10^8	1.05×10^{10}	1.58×10^7	1.15×10^9
		P（元）	24.14	147.15	1.86	21.35

2. 数值模拟结果分析

现有关于股票投资者福利的研究主要是利用某只股票的样本数据，在假定持股量不变的条件下计算投资者的效用水平（李乃虎，2012）。然而，利用具体股票进行研究会由于样本选择偏差而不具代表性，并且假定持股量保持不变也与现实不符，随着股价的波动投资者的持股量也会发生变动。因此，本部分利用上文获取的数据以个股的流通市值为权重计算所有样本股票整体 15 个季度的加权股价和个人投资者持股量，分别利用式（4.11）和式（4.12）计算正向和负向基金投资潮涌样本（即股价暴涨暴跌）下递增绝对风险厌恶型个人投资者和递减绝对风险厌恶型个人投资者在股价和持股量均发生变动的情况下的效用水平。同时，本部分还通过随机模拟与基金投资潮涌样本个数一致的随机样本来对比个股发生基金投资潮涌（即股价发生暴涨暴跌）和未发生基金投资潮涌下个人投资者的效用水平差异，各风险厌恶型个人投资者的效用水平变动如图 4.2 所示。

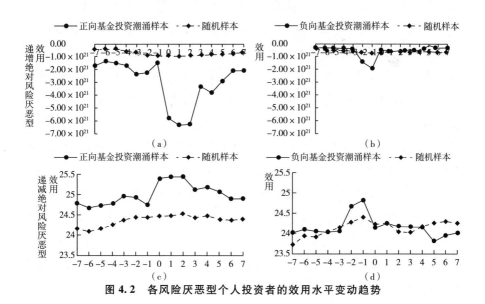

图 4.2　各风险厌恶型个人投资者的效用水平变动趋势

注：横坐标为季度，其中 0 表示个股发生基金投资潮涌现象的季度（即股价发生暴涨暴跌的季度），-7~-1 表示 0 季度往前的 7 个季度，1~7 表示 0 季度往后的 7 个季度，下同。图中纵坐标为各类型风险偏好个人投资者的效用水平。

观察图 4.2 各子图可以明显地看出，无论是在正向还是在负向基金投资潮涌样本下，计算得到的个人投资者的效用水平波动幅度均大于随机样本下计算得到的效用水平波动幅度。特别是在 0 季度前后的 2 个季度，基金投资潮涌（暴涨暴跌）样本下计算得到的个人投资者的效用水平都出现了大幅度的波动。由此可见，在发生基金投资潮涌现象的前后 2 个季度（即个股股价发生暴涨暴跌的前后 2 个季度），个人投资者的效用水平发生了剧烈的波动。

图 4.2（a）展示的是发生正向基金投资潮涌现象（即个股股价发生暴涨）时递增绝对风险厌恶型个人投资者的效用水平变动趋势，从 0 季度开始效用水平急剧恶化，然后缓慢恢复。具体来讲，在 0 季度发生正向基金投资潮涌的时候，该类型投资者的效用水平急剧下降，在随后的 2 个季度进一步缓慢下降，在第 3 个季度强力反弹，此后震荡上升，到第 6 个季度基本恢复到-1 季度的水平。图 4.2（c）展示的是发生正向基金投资潮涌现象（即个股股价发生暴涨）时递减绝对风险厌恶型个人投资者的效用水平变动趋势，从 0 季度开始效用水平急剧提升，然后缓慢下降。具体来讲，在 0 季度发生正向基金投资潮涌的时候，该类型投资者的效用水平急剧上升，在随后的 2 个季度效用水平维持在高位，在第 3 个季度开始缓慢下降，到第 6 个季度基本恢复到-1 季度的水平。

图 4.2（b）展示的是发生负向基金投资潮涌现象（即个股股价发生暴跌）时递增绝对风险厌恶型个人投资者的效用水平变动趋势，从-2 季度开始效用水平先恶化，然后迅速恢复。具体来讲，从-2 季度开始该类型投资者的效用水平就开始恶化，在-1 季度达到最低值，在 0 季度股价发生负向基金投资潮涌的时候效用水平迅速反弹恢复到-3 季度的水平。图 4.2（d）展示的是发生负向基金投资潮涌现象（即个股股价发生暴跌）时递减绝对风险厌恶型个人投资者的效用水平变动趋势，从-2 季度开始效用水平先提升，然后迅速恢复。具体来讲，从-2 季度开始该类型投资者的效用水平就开始提升，在-1 季度达到最高值，在 0 季度发生负向基金投资潮涌的时候效用水平迅速下降恢复到-3 季度的水平。

从以上的分析还可以得出：①无论是正向基金投资潮涌还是负向基金投资潮涌，个人投资者的福利水平均会发生剧烈的波动，但是基本上经过两三个季度的调整都会恢复到原先的福利水平，说明基金投资潮涌冲击对个人投资者福利水平的影响是暂时性的；②正向基金投资潮涌和负向基金投资潮涌对不同风险厌恶型个人投资者福利水平的影响效果相反,发生正向基金投资潮涌的季度,递增绝对风险厌恶型个人投资者福利水平急剧下降,而递减绝对风险厌恶型个人投资者福利水平急剧上升;③正向基金投资潮涌和负向基金投资潮涌对个人投资者福利水平的作用时间相反,正向基金投资潮涌对个人投资者福利水平的作用时间从股价暴涨的季度开始,持续作用3个季度;而负向基金投资潮涌对个人投资者福利水平的作用时间从负向基金投资潮涌发生前的2个季度就开始,持续到负向基金投资潮涌当季结束。

3. 进一步分析

上文计算得到的所有样本股票整体15个季度的加权股价和个人投资者持股量的变化趋势如图4.3所示,其中图4.3(a)为0季度个股发生正向基金投资潮涌的样本,图4.3(b)为0季度个股发生负向基金投资潮涌的样本。从图4.3(a)可以看出,股价在0季度发生暴涨,该季度个人投资者的持股量不但没有随之增多反而有所减少,然而与持股量的减少相比,股价的暴涨给个人投资者带来的财富增长更多,因此在0季度个人投资者浮动财富增加。由上文的分析可知,浮动财富增加将使递增绝对风险厌恶型个人投资者的效用水平下降,福利状况变差;将使递减绝对风险厌恶型个人投资者的效用水平上升,福利状况得到改善。此后,股价开始下跌,在1季度和2季度随着股价的下跌,由于羊群效应影响非理性个人投资者的持股量不断增加,这表明机构投资者在股价高位套现,将股票在股价高位转移到个人投资者手中。在这2个季度中,与股价的下降相比,持股量的增加给个人投资者带来的财富增长更多,因此这2个季度个人投资者浮动财富增加,从而导致递增绝对风险厌恶型个人投资者的效用水平进一步下降,福利状况变得更差;递减绝对风险厌恶型个人投资者的效用水平进一步上升,福利水平进一步提高。

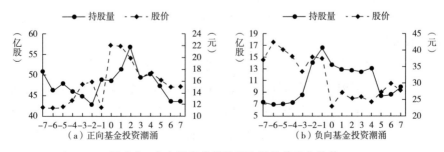

图4.3 个人投资者持股量和股价的变化趋势

从图 4.3 （b） 可以看出，股价和个人投资者持股量在-2 季度都提高，该季度个人投资者浮动财富增加，这使递增绝对风险厌恶型个人投资者的效用水平下降，福利状况变差；使递减绝对风险厌恶型个人投资者的效用水平上升，福利状况得到改善。在-1 季度，股价轻微下降，个人投资者的持股量依旧增加，与股价的下降相比，持股量的增加给个人投资者带来的财富增长更高，因此这 2 个季度个人投资者浮动财富增加，从而导致递增绝对风险厌恶型个人投资者的效用水平进一步下降，福利状况变得更差；递减绝对风险厌恶型个人投资者的效用水平进一步上升，福利水平进一步提高。股价在 0 季度发生暴跌，虽然该季度个人投资者的持股量有所减少，但是与持股量的减少相比，股价的暴跌给个人投资者造成了浮动财富的减少，这使递增绝对风险厌恶型个人投资者的效用水平上升，福利状况得到改善；递减绝对风险厌恶型个人投资者的效用水平下降，福利状况恶化。

个人投资者在知识储备、信息获取、分析能力和经济实力等方面与机构投资者相比存在巨大差距，而且股票具有的复杂性、专业性和高风险性等特点使得个人投资者与机构投资者存在严重的信息不对称问题，所以个人投资者往往处于绝对劣势地位，从而导致个人投资者严重依赖中介机构的专业判断，并且往往会追随机构投资者的投资步伐跟风投资。这使得个人投资者很容易成为机构投资者"收割"和"蚕食"的对象，从而成为利益受损者或牺牲品，蒙受巨大的投资损失。本书认为这是上述个人投资者福利状况在短时间内剧烈波动，甚至是恶化的主要原因。

4. 稳健性检验

为了验证上文实证结果的稳健性，本部分还以个股的总市值为权重计算所有样本股票整体 15 个季度的加权股价和个人投资者持股量。各风险厌恶型个人投资者的效用水平变动趋势和个人投资者持股量与股价的变化趋势分别如图 4.4 和图 4.5 所示，可以发现图 4.4 和图 4.5 的这两个变化趋势与前文的一致，表明本部分的实证结果具有稳健性。

本章从股票市场、上市企业投资水平和个人投资者福利水平三个方面研究了基金投资潮涌的危害性。基金投资潮涌对股票市场的负面影响包括三个方面：①基金投资潮涌降低了股票市场的信息效率；②基金投资潮涌降低了股票市场的流动性；③基金投资潮涌增加了股价的波动性。基金投资潮涌对上市企业投资抑制效应的研究表明：①个股无论是发生正向基金

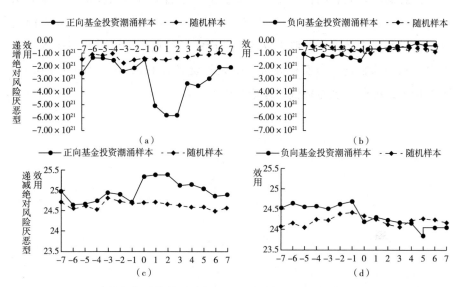

图 4.4　以总市值加权计算得到的各风险厌恶型个人投资者的效用水平变动趋势

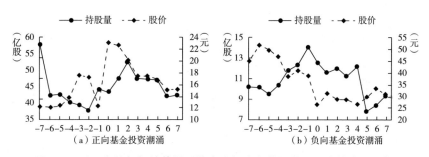

图 4.5　以总市值加权计算得到的个人投资者持股量和股价的变化趋势

投资潮涌还是负向基金投资潮涌事件均会抑制企业的投资；②个股发生正向基金投资潮涌和负向基金投资潮涌事件对企业投资抑制效用的影响路径不同，管理层工资率上升是个股发生正向基金投资潮涌事件抑制企业投资的影响路径，管理层有限关注转移是个股发生负向基金投资潮涌事件抑制企业投资的影响路径。本章从管理层工资率变动和有限关注转移两方面研究了基金投资潮涌对企业投资的抑制效应，在研究股票融资功能的基础上，同时考虑了股票的提供激励和深化分工与协作的功能，既丰富了公司投资决策影响因素的文献，也为上市公司建立有效的激励机制以及提高公司的治理水平提供了新的理论依据。基金投资潮涌对个人投资者福利水平的负面影响的研究表明：个股发生基金投资潮涌会对个人投资者的福利水平造成巨大的冲击，导致个人投资者的福利水平在短期内产生较大的波动。本章的研究考察个股股价以及个人投资者持股量同时变化对个人投资者福利水平的影响，全面地分析了个人投资者福利水平波动的内在机制，为保护个人投资者利益提供了理论基础。

第五章

基金投资潮涌的预测
模型研究

第四章的研究表明基金投资潮涌会对股票市场、上市企业投资水平和个人投资者福利水平造成负面影响，这严重干扰了股票市场的正常运行秩序，妨碍了股票市场基本功能的正常发挥。党的十九大报告指出，要"健全金融监管体系，守住不发生系统性金融风险的底线"，因此防范和化解金融风险需要树立预防为主的意识，做到早发现、早预警、早处置，努力把风险消灭在萌芽状态。研究基金投资潮涌的预测和防控，有利于将金融风险关口前移，防患于未然，有效地化解金融风险。本章研究基金投资潮涌的预测模型，下一章研究基金投资潮涌的防控对策建议。

Porta 和 Shleifer（1999）的研究表明对内幕交易的事后监管是无效的。由于基金投资潮涌鲜有学者研究，所以本章在基金投资潮涌预测模型的设计上主要借鉴内幕交易的相关文献。结合现有文献，本章针对基金投资潮涌的预测问题，利用基于遗传算法优化的极限学习机模型（Genetic Algorithm-Extreme Learning Machine，GA-ELM），对我国的基金投资潮涌进行预测。同时，为了检验 GA-ELM 预测模型的预测效果，本章还利用 BP 神经网络（Back Propagation Neural Network，BP）、基于遗传算法优化的 BP 神经网络（GA-BP）、极限学习机模型（ELM）和基于粒子群算法优化的极限学习机模型（Particle Swarm Optimization-Extreme Learning Machine，PSO-ELM）对基金投资潮涌进行预测，对比各个预测模型的预测效果。

第一节 基金投资潮涌的预测模型构建

一 预测模型的选择

目前可选择的预测模型主要有线性概率模型（Linear Probability Model，LPM）、Logit 模型、Probit 模型、极值理论模型（Extreme Value Theory，EVT）、神经网络模型（Neural Networks，NN）和支持向量机模型（Support Vector Machine，SVM）等。LPM 最简单，但容易受到其残差项不呈正态分布的影响，导致被解释变量的预测值会落在 [0，1] 区域之外等问题；Logit 模型在预测模型设计中较常使用，但其预测准确度较低；Probit 模型要求事件发生概率服从正态分布，但在实际中往往较难得到满足；EVT 比较复杂，在预测模型设计中不常见；NN 结构相对简单，具有非参数和无假设条件的优势，学习能力和预测能力较好，但 NN 依赖大样本，并且要控制多个参数，隐含层难以确定，易陷入局部极小值，难以获得稳定的解，同时存在训练速度较慢及过度拟合等问题，使该模型的实际应用受到影响；SVM 是一种较新的识别和预测模型，它在解决小样本、非线性及高维模式识别上具有明显的优势，已经开始应用于金融领域，但 SVM 对大规模训练样本难以预测，同时其在解决多分类问题时也存在困难，最重要的是，与 ELM 相比，SVM 仍然存在无法显示非线性映射与迭代求解速度较慢的问题。ELM 是 Huang 等（2006）于 2006 年提出的一种单隐层前馈神经网络（Single-Hidden Layer Feedforward Neural Networks，SLFNs），可以直接从输入层实现复杂的非线性映射，利用随机化参数的方法将迭代求解过程转化为线性方程组的求解过程，具有训练过程简单、泛化能力强、学习速度快、不易陷入局部最优解等优点，已被广泛运用到医学诊断、工程故障监测和参数预测、股票价格预测、顾客购买意愿预测。近年来基于仿生学的智能算法被广泛应用于参数优化中，如遗传算法（Genetic Algorithm，GA）、萤火虫算法（Firefly Algorithm，FA）和粒子群算法（Particle Swarm Optimization，PSO）等。GA 是一种随机并行的搜索算法，具有鲁棒性优良、全局寻优能力强等优点，因此为了提高预测精度，本书还利用 GA 对 ELM 的输入权值矩阵和隐含层进行优化，弥补了由于输入权值和偏置的随机性使得 ELM 需要较多的隐含层节点才能达到理想精度的不足。

二 GA-ELM 预测模型

1. ELM 的基本原理

ELM 是一种单隐层前馈神经网络算法，是对传统的神经网络的改善。ELM 对权值与阈值进行随机选取，将参数训练问题转换成了不相容线性方程组求解问题，然后利用摩尔-彭罗斯（Moore-Penrose）广义逆矩阵①理论，求得该方程组的最小二乘解，以此作为输出权值矩阵的参数（彭丽娟等，2018）。该模型训练过程简单、泛化能力强，其网络结构如图 5.1 所示。

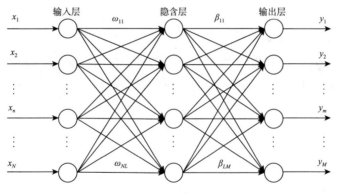

图 5.1　ELM 的网络结构

假设有训练样本，输入变量 $X = [x_1, x_2, \cdots, x_N]^T$，输出变量 $Y = [y_1, y_2, \cdots, y_M]^T$，在确定神经元的激活函数 $g(\cdot)$ 以后，ELM 网络的期望输出 t_i 可以表示为：

$$T = [t_1, t_2, \cdots, t_i, \cdots, t_n]_{M \times n} \tag{5.1}$$

---

① 假设存在一个矩阵 G，使得 Gy 是线性系统 $Ax = y$ 的最小范数二乘解，则 $D = A^+$，G 为矩阵 A 的 Moore-Penrose 广义逆矩阵。

$$t_i = \begin{bmatrix} t_{1i} \\ t_{2i} \\ \vdots \\ t_{Mi} \end{bmatrix} = \begin{bmatrix} \sum_{j=1}^{L} \beta_{j1} g(\omega_j, b_j, x_i) \\ \sum_{j=1}^{L} \beta_{j2} g(\omega_j, b_j, x_i) \\ \vdots \\ \sum_{j=1}^{L} \beta_{jM} g(\omega_j, b_j, x_i) \end{bmatrix}_{M \times n} \tag{5.2}$$

式（5.2）中，$\omega_j = [\omega_{j1}, \omega_{j2}, \cdots, \omega_{jn}]^T$，为输入层与隐含层之间的权值；$b_j$ 为第 j 个隐含层偏置；β_j 为连接隐含层与输出层的输出权值；$g(\cdot)$ 为神经元激活函数，一般取 Sigmoid 函数，其表达式为 $f(z) = 1/(1 + e^{-z})$。ELM 的目标是使得输出的误差最小，即 $\sum_{i=1}^{N} \| t_i - y_i \| = 0$，即存在 β_j、ω_j、b_j 使得：

$$\sum_{j=1}^{L} \beta_j g(\omega_j, b_j, x_i) = t_i, i = 1, 2, \cdots, N \tag{5.3}$$

将式（5.3）以矩阵形式表示为：

$$H\beta = T \tag{5.4}$$

式（5.4）中，H 为隐含层输出矩阵，β 为输出权重，T 为期望输出，具体的表达式如下：

$$H = \begin{bmatrix} g(\omega_1, b_1, x_1) & \cdots & g(\omega_L, b_L, x_1) \\ \vdots & & \vdots \\ g(\omega_1, b_1, x_N) & \cdots & g(\omega_L, b_L, x_N) \end{bmatrix}_{NL} \tag{5.5}$$

$$\beta = \begin{bmatrix} \beta_1^T \\ \vdots \\ \beta_L^T \end{bmatrix}_{LM} \quad T = \begin{bmatrix} T_1^T \\ \vdots \\ T_L^T \end{bmatrix}_{NM} \tag{5.6}$$

于是参数训练问题就转化成了求解权值矩阵的最小二乘解的问题，即：

$$\| H\hat{\beta} - T \| = \min_{\beta} \| H\beta - T \| \tag{5.7}$$

即可求解出输出权值矩阵 $\hat{\beta}$：

$$\hat{\beta} = H^+ T \tag{5.8}$$

式（5.8）中，H^+ 为隐含层输出矩阵 H 的 Moore-Penrose 广义逆，从而求得该方程组的最小二乘解并将其作为输出权值矩阵的参数。

由上述分析可知，ELM 的训练过程即为一个求解线性方程最小值的优化问题：

$$\min E(\omega_i, \beta_i) = \sum_{i=1}^{N} \| t_i - y_i \| \tag{5.9}$$

ELM 的训练目的就是找到最优输出权值矩阵 $\hat{\beta}$，使得 ELM 网络的训练输出值尽可能地接近真实值。

综上，在给定训练集、隐含层激活函数和隐含层节点个数的情况下，ELM 算法实现的基本步骤如下。①随机生成网络输入权值 ω 和隐含层偏置 b；②计算隐含层输出矩阵 H；③计算输出权值矩阵 $\hat{\beta}$；④已知输出权值矩阵 $\hat{\beta}$ 和激活函数 $g(\cdot)$，计算预测值。

2. GA 的基础原理

GA 是从生物进化论中得到的灵感与启迪，达尔文的进化论阐述了生物进化经历了突变、自然选择和隔离等过程，最终得以形成新的物种，学者们将这一"物竞天择，适者生存，不适者淘汰"的自然法则用于科学研究和工程实践中的种种搜索和优化问题中。基于此，美国密歇根大学的 Holland 教授于 1962 年提出 GA 的基本思路，GA 的属性框架在 20 世纪 60 年代末形成，并在 1975 年 Holland 的专著中得到介绍，自此大量的学者开始研究和改进 GA，GA 在许多工程领域得到应用（陈根社、陈新海，1994）。GA 是一种随机并行的搜索算法，具有鲁棒性优良、全局寻优能力强等优点。

GA 的基本原理如下，对于一个给定求解最大值的优化问题，假设目标函数为：

$$F = f(x, y, z), (x, y, z) \in \Omega, F \in \mathrm{R} \tag{5.10}$$

要求 (x_0, y_0, z_0) 使得：

$$F = f(x_0, y_0, z_0) = \max_{(x,y,z) \in \Omega} f(x, y, z) \tag{5.11}$$

其中，x、y、z 为自变量，Ω 为其定义域，x、y、z 既可以是数值也可以是符号；F 为实数，是解的优劣程度或者适应度的一种度量；f 为解空间 $(x，y，z) \in \Omega$ 到实数域 $F \in R$ 的一种映射，那么 GA 的求解步骤如下。

第一，编码。用一定比特（bit）数的 0 或 1 二进制码对自变量 x、y、z 进行编码形成基因码链，每一条码链代表一个个体，表示优化问题的一个解。例如，假设 x 有 4 种可能的取值 x_0、x_1、x_2、x_3，则可以用 2bit 的二进制码 00、01、10、11 进行表示，将 x、y、z 的基因码组合在一起就形成了基因码链。

第二，产生群体。在 $t = 0$ 时期，随机产生 n 个个体组成一个群体 $P(t)$，群体代表了优化问题的一些可能解的集合。由于是随机给定的，一开始这些个体的素质往往都很差，GA 的任务就是要从这些群体出发，模拟进化过程，择优汰劣，最后得出符合要求的群体和个体，以满足优化的要求。

第三，评价。按编码规则，将全体 $P(t)$ 中的每一个个体的基因码所对应的自变量取值 $(x_i，y_i，z_i)$ 代入公式（5.9），算出其函数值 F_i（$i = 1，2，\cdots，N$）。F_i 数值越大，表示该个体适应度越高，越能适应 f 所定义的生存环境，该适应度 F_i 为群体进化的选择提供了依据。

第四，选择。按一定的概率从群体 $P(t)$ 中选择 M 对个体，作为双亲用于繁殖后代，产生的新个体加入下一代群体 $P(t + 1)$ 中。一般来讲，P_i 与 F_i 成正比，即适应生存环境的优良个体将有更多的繁殖后代的机会，从而使种群的优良特性得以遗传，体现了自然界中适者生存的思想，这是 GA 的关键所在。

第五，交叉。对于选中的用于繁殖的每一对个体，随机地选择同一整数 n，将双亲的基因码链在此位置上相互交换。如个体 X 和 Y 在位置 3 经交叉产生新个体 X' 和 Y'，它们组合了父辈个体 X 和 Y 的特征，这体现了自然界中信息交换的思想，具体交换如下：

$$X = X_1 X_2 X_3 X_4 X_5 \quad (11100) \tag{5.12}$$

$$Y = Y_1 Y_2 Y_3 Y_4 Y_5 \quad (00011) \tag{5.13}$$

$$\downarrow$$

$$X' = X_1 X_2 X_3 X_4 X_5 \quad (11111) \tag{5.14}$$

$$Y' = Y_1 Y_2 Y_3 Y_4 Y_5 \quad (00000) \tag{5.15}$$

第六，变异。从群体 $P(t+1)$ 中以一定的概率 P_m 随机选取若干个个体，对选中个体的每一位二进制码进行取反运算，即由 $0 \to 1$ 或由 $1 \to 0$，二进制码发生变异的概率很小，这同自然界生物进化一样，变异模拟了生物进化过程中偶然的基因突变现象。GA 的搜索能力主要通过选择和交叉实现，变异算法能够搜索到解空间的每一点，从而增强了算法搜索全局最优解的能力。

对产生的新一代群体重复以上第三到第六的步骤，如此循环往复，不断提高最优个体的适应度和群体的平均适应度，直到最优个体的适应度达到预设值或者最优个体的适应度和群体的平均适应度值不再提高，此时迭代过程收敛，GA 算法结束。

3. GA-ELM 预测模型

ELM 的输入权值 ω 和隐含层偏置 b 的选取对预测性能有着重要的影响，因此为了提高预测精度，本部分利用 GA 对 ELM 的输入权值矩阵和隐含层进行优化，以弥补由于输入权值和偏置的随机性使得 ELM 需要较多的隐含层节点才能达到理想精度的不足。本部分提出的 GA-ELM 的基金投资潮涌预测模型，既具有 GA 鲁棒性优良、全局寻优能力强的优点，又具有 ELM 计算量小、泛化性能高的优点。模型的示意如图 5.2 所示，训练步骤如下：①初始化 ELM 参数；②对输入数据进行归一化处理；③利用 GA 优化 ELM 的输入权值 ω 和隐含层偏置 b 两个参数；④基于 GA 得到的最优参数进行 ELM 训练；⑤利用输出权值矩阵和激活函数计算与输出预测值。

4. 预测性能评估方法

本部分采用均方误差（MSE）、决定系数（R^2）以及正确率（$Accuracy$）对 GA-ELM 的预测性能进行评估。MSE 计算公式如下：

$$MSE = \frac{1}{N} \sum_{i=1}^{N} (t_i - y_i)^2 \tag{5.16}$$

式（5.16）中，N 表示预测样本数量；t_i 表示输出值；y_i 表示实际值。MSE 越小，模型的预测性能越好。

R^2 的计算公式如下：

$$R^2 = 1 - \frac{SS_{res}}{SS_{tot}} \tag{5.17}$$

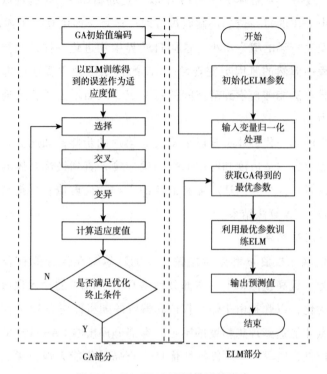

图 5.2 GA-ELM 预测模型的示意

式（5.17）中，$SS_{res} = \sum_{i=1}^{N} (y_i - t_i)^2$；$SS_{tot} = \sum_{i=1}^{N} (y_i - \bar{y})^2$，$\bar{y} = (1/N) \sum_{i=1}^{N} y_i$。$R^2$ 越大，模型的拟合效果越好。

Accuracy 的计算公式如下：

$$Accuracy = \frac{R}{N} \tag{5.18}$$

式（5.18）中，R 为模型预测的正确个数。*Accuracy* 越大，模型的预测效果越好。

第二节 预测因子选取

为构建基金投资潮涌的预测模型，本部分在理论分析的基础上提取基金投资潮涌的预测因子。目前可用作基金投资潮涌的预测因子的指标主要包括市场指标、财务指标和公司治理指标等。但鉴于现阶段我国《上市公司信息披露管理办法》的规定，上市公司的财务指标和公司治理指标数据的披露时间间隔较长，具有滞后性，无法及时反映基金投资潮涌的变化特征，而市场指标具有数据更新频率高、时效性强以及数据易于获取的特点。因此本部分借鉴许永斌和陈佳（2009）的做法，采用市场指标作为基金投资潮涌预测模型的预测因子，主要包括以下指标：波动性指标、流动性指标、市场相关性指标和估值指标。

一　波动性指标的选取

在基金投资潮涌发生之前，相关股票的价格收益率往往会有一定的波动。股价收益率的波动是随时间而不断变化的，具有条件异方差效应，且具有"聚集现象"。Bollerslev（1986）提出的 GARCH 模型可以对该现象进行良好的拟合，并且 GARCH（1，1）模型阶数较小、拟合效果优良，在波动率实证分析中被广泛应用。GARCH（1，1）模型的计算公式如下：

$$r_t = \sqrt{h_t}\, e_t, t = 1, 2, \cdots, T \qquad (5.19)$$

$$h_t = a_0 + a_1 r_{t-1}^2 + \beta_1 h_{t-1} \qquad (5.20)$$

$$e_t \sim \text{I. I. D. N}(0, 1) \qquad (5.21)$$

其中，r_t 为 t 期的股票收益率，a_0、a_1 和 β_1 为待估参数，h_t 和 h_{t-1} 为 t 期和 $t-1$ 期的条件方差。β_1 即为 GARCH 项（$Volatitlty$）的估计系数，代表了时变的异质波动性。在没有信息冲击的正常情况下，波动率将趋于平稳，但是当公司层面的特质信息泄露或者扩散时，波动性将受到冲击。

二　流动性指标的选取

流动性指标反映了股票市场的交易活跃程度，基金投资潮涌在发生之前可能会对市场的流动性产生一定程度的影响。本部分采用换手率（$Turnover$）来表征流动性指标，换手率是指在一定时期内投资者转手买卖股票的频率，是反映股票流通性强弱的重要指标之一。换手率的计算公式为：某一段时期内的成交量/发行总股数（流通股数）×100%。

三 市场相关性指标的选取

基金投资潮涌在发生之前可能会对一系列市场相关性指标产生影响。本章选取了系统性风险（Beta）和股价同步性（Syn）作为市场相关性指标的预测因子。由 CAPM 理论可知，Beta 系数描述了个股走势与大盘走势的偏离程度，若股价受到外部冲击，个股的 Beta 系数将出现偏低的现象，反之，在正常情况下 Beta 系数将维持在 1 附近（李学、刘文虎，2004）。Beta 系数的计算公式如下：

$$r_i = \alpha_i + \beta_i r_{Mi} + \varepsilon_i \tag{5.22}$$

其中，r_i 为 i 期个股的收益率，α_i 为常数项，β_i 即为 Beta 系数，r_{Mi} 为 i 期的市场收益率。

Syn 可以使用 CAPM 模型即式（5.22）的拟合优度进行度量，模型的拟合优度越高表明股价波动的同步性越强，与大盘同涨同跌的程度越高，股价中所包含的特质信息也就越少（孔东民等，2015）。

四 估值指标的选取

基金投资潮涌在发生之前可能会对一系列估值性指标产生影响。本章选取了市净率作为估值指标的预测因子，市净率（PB）指的是每股股价与每股净资产的比率，是重要的估值指标。一般来说 PB 较低的股票，投资价值较高，相反，则投资价值较低。

第三节 样本及预测因子描述性统计分析

本章的样本既包括第三章提取的基金投资潮涌样本（黑色样本），又包括与之相配对的白色样本。选择白色样本的原则是，白色样本与黑色样本同属于一个行业并且公司规模相当，且是在同一时期内没发生基金投资潮涌的公司。同时结合大部分学者的做法，采用 1∶1 配对比例进行黑色样本和白色样本的配对。被解释变量用 T 表示，将发生基金投资潮涌的黑色样本定义为 1，没有发生基金投资潮涌的白色样本定义为 0。

样本时间跨度的选择会影响预测模型的预测准确性，样本时间跨度太长可能会使预测因子的有效性和时效性减弱，导致模型无法有效地进行预测。样本时间跨度短有利于模型的有效预测，但是时间跨度太短，又会产生数据难以收集的问题。因此，本章选择各只股票发生基金投资潮涌季度的前 1 个月样本的市场指标对基金投资潮涌进行提前预测。预测因子的数据来源于锐思数据库。其中，以 GARCH（1，1）模型估计的发生基金投资潮涌季度的前 1 个月的日度 β_1 的均值作为 $Volatitlty$ 预测因子的数据[①]、以发生基金投资潮涌季度的前 1 个月的月度换手率作为 $Turnover$ 预测因子的数据、以发生基金投资潮涌季度的前 13 个月到前 2 个月的个股月度超额收益率与市场月度超额收益率进行模型（5.22）估计得到的 β_i 作为 $Beta$ 预测因子的数据、以发生基金投资潮涌季度的前 13 个月到前 2 个月的个股月度超额收益率与市场月度超额收益率进行模型（5.22）估计的调整的拟合优度作为 Syn 预测因子的数据、以发生基金投资潮涌季度的前 1 个月的市净率作为 PB 预测因子的数据，以上预测因子的数据均是基于个股的流通市值计算得到。

为降低离群值的影响，保证估计结果的稳健性，对所有预测因子进行 5% 水平下的 Winsorize 缩尾处理，并剔除数据不全的样本，最终的黑色样本和白色样本的数量以及预测因子的描述性统计分析如表 5.1 所示。其中，正向基金投资潮涌-配对组样本和负向基金投资潮涌-配对组样本的样本个数分别为 496 个以及 102 个。

表 5.1 预测因子的描述性统计

变量	正向基金投资潮涌-配对组样本				负向基金投资潮涌-配对组样本			
	均值	标准差	最小值	最大值	均值	标准差	最小值	最大值
$Volatitlty$	0.0405	0.0163	0.0189	0.0688	0.0350	0.0111	0.0173	0.0539
$Turnover$	56.4974	37.8849	9.3719	146.3363	59.9178	50.2993	6.5686	176.9456

① GARCH（1，1）模型使用的收益率为对数收益率数据，对数收益率=log（1+百分比收益）。

变量	正向基金投资潮涌-配对组样本				负向基金投资潮涌-配对组样本			
	均值	标准差	最小值	最大值	均值	标准差	最小值	最大值
Beta	1.0515	0.4667	0.1310	1.9554	0.9784	0.6125	-0.2101	2.2902
Syn	0.4215	0.2803	-0.0858	0.8248	0.3701	0.2694	-0.0942	0.8089
PB	3.4986	2.4145	0.9600	10.3840	6.1300	4.8414	1.2020	18.5060

第四节　模型预测效果分析

一　参数设定

在进行模型预测之前需要对 GA 进行参数设定，本章设定种群数目为 20，最大遗传代数为 100，交叉概率为 0.7，变异概率为 0.01，代沟为 0.95。本章的预测模型算法由 MATLAB 语言编写实现，使用的是 ELM 的回归功能，因此将下文预测模型输出的预测结果按照大于等于 0.5 的设置为 1（表示发生基金投资潮涌）、小于 0.5 的设置为 0（表示未发生基金投资潮涌）的规则进行分类，并利用公式（5.18）计算预测模型的正确率。随后将样本进行随机排序，对于正向基金投资潮涌-配对组样本以前 471 个样本作为训练集，后 25 个样本作为预测集；对于负向基金投资潮涌-配对组样本以前 77 个样本作为训练集，后 25 个样本作为预测集。

二　模型预测效果分析

1. 正向基金投资潮涌-配对组样本的预测效果分析

图 5.3 展示了正向基金投资潮涌配对样本下真实值和 BP 预测结果的对比。从左图可以发现原始预测值大多在 0.4 和 0.6 之间，从右图可以发现该模型会将 T 为 1 的真实值预测为 0，也会将 T 为 0 的真实值预测为 1。经计算该模型的 *MSE* 为 0.1986，R^2 为 0.2633，*Accuracy* 仅为 60.00%，可见该模型的预测效果不佳。

图 5.4 展示了正向基金投资潮涌配对样本下真实值和 GA-BP 预测结

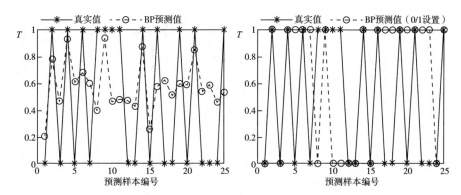

图 5.3 正向基金投资潮涌配对样本下真实值和 BP 预测结果的对比

果的对比。从左图可以发现原始预测值比较分散，从右图可以发现该模型同样会将 T 为 1 的真实值预测为 0，也会将 T 为 0 的真实值预测为 1。经计算该模型的 MSE 为 0.1660，R^2 为 0.3893，$Accuracy$ 达到 80.00%，可见经过 GA 优化后的 BP 模型的预测效果得到了显著的提高。

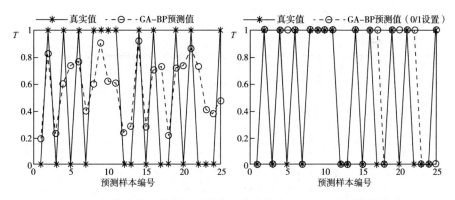

图 5.4 正向基金投资潮涌配对样本下真实值和 GA-BP 预测结果的对比

图 5.5 展示了正向基金投资潮涌配对样本下真实值和 ELM 预测结果的对比。从左图可以发现原始预测值比较分散，从右图可以发现该模型同样会将 T 为 1 的真实值预测为 0，也会将 T 为 0 的真实值预测为 1。经计算该模型的 MSE 为 0.2327，R^2 为 0.1525，$Accuracy$ 仅为 68.00%，该模型的预测效果也不佳。

图 5.6 展示了正向基金投资潮涌配对样本下真实值和 GA-ELM 预测结

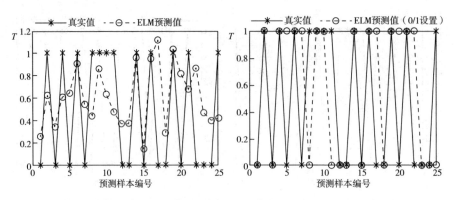

图 5.5　正向基金投资潮涌配对样本下真实值和 ELM 预测结果的对比

果的对比。从左图可以发现原始预测值比较分散，从右图可以发现该模型仅会将 T 为 0 的真实值预测为 1，这表明该模型不会遗漏预测真实发生基金投资潮涌的样本。经计算该模型的 MSE 为 0.1223，R^2 为 0.6634，$Accuracy$ 提高到了 92.00%，可见经过 GA 优化的 ELM 的预测效果得到了极大的提高。

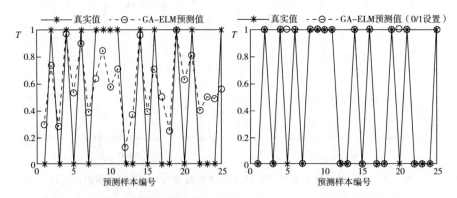

图 5.6　正向基金投资潮涌配对样本下真实值和 GA-ELM 预测结果的对比

图 5.7 展示了正向基金投资潮涌配对样本下真实值和 PSO-ELM 预测结果的对比。从左图可以发现原始预测值比较集中，从右图可以发现该模型既会将 T 为 1 的真实值预测为 0，也会将 T 为 0 的真实值预测为 1。经计算该模型的 MSE 为 0.2070，R^2 为 0.1830，$Accuracy$ 仅为 80.00%，可见该模型的预测效果相较于 ELM 也有所提高。

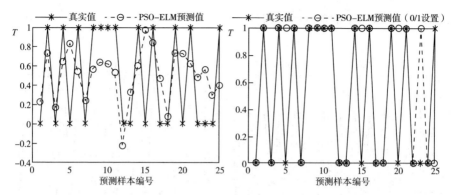

图 5.7 正向基金投资潮涌配对样本下真实值和 **PSO-ELM** 预测结果的对比

2. 负向基金投资潮涌-配对组样本的预测效果分析

图 5.8 展示了负向基金投资潮涌配对样本下真实值和 BP 预测结果的对比。从左图可以发现原始预测值比较分散，但出现了个别的极端值，从右图可以发现该模型既会将 T 为 1 的真实值预测为 0，也会将 T 为 0 的真实值预测为 1。经计算该模型的 MSE 为 0.2927，R^2 为 0.0753，$Accuracy$ 仅为 64.00%，可见该模型的预测效果不佳。

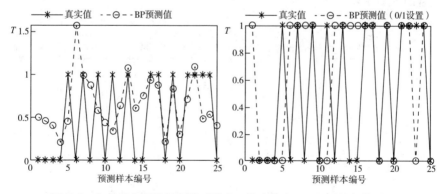

图 5.8 负向基金投资潮涌配对样本下真实值和 **BP** 预测结果的对比

图 5.9 展示了负向基金投资潮涌配对样本下真实值和 GA-BP 预测结果的对比。从左图可以发现原始预测值比较分散，同样会出现个别极端值的情况，从右图可以发现该模型仅会将 T 为 0 的真实值预测为 1，这表明该模型不会遗漏预测真实发生基金投资潮涌的样本。经计算该模型的 MSE 为 0.2281，R^2 为 0.1785，$Accuracy$ 仅为 76.00%，可见该模型的预测效果

相较于 BP 得到一定程度的提高。

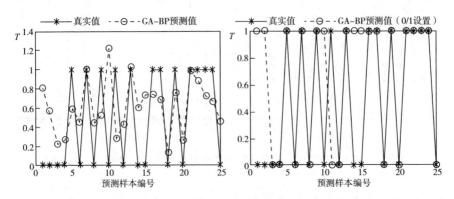

图 5.9　负向基金投资潮涌配对样本下真实值和 GA-BP 预测结果的对比

图 5.10 展示了负向基金投资潮涌配对样本下真实值和 ELM 预测结果的对比。从左图可以发现原始预测值会出现极端值，从右图同样发现该模型既会将 T 为 1 的真实值预测为 0，也会将 T 为 0 的真实值预测为 1。经计算该模型的 MSE 为 0.3401，R^2 为 0.2140，$Accuracy$ 仅为 84.00%，可见该模型的预测效果较好。

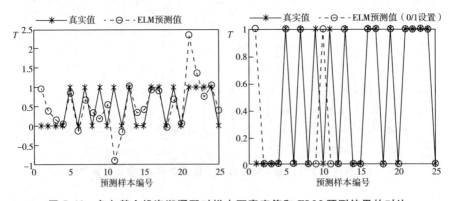

图 5.10　负向基金投资潮涌配对样本下真实值和 ELM 预测结果的对比

图 5.11 展示了负向基金投资潮涌配对样本下真实值和 GA-ELM 预测结果的对比。从左图可以发现极端值的峰值较小，从右图可以发现该模型仅会将 T 为 0 的真实值预测为 1，这表明该模型不会遗漏预测真实发生基金投资潮涌的样本。经计算该模型的 MSE 为 0.0725，R^2 为 0.7379，$Accuracy$

达到了 96.00%，可见该模型的预测效果极好。

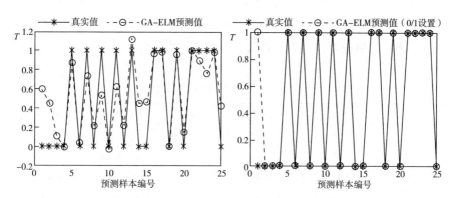

图 5.11 负向基金投资潮涌配对样本下真实值和 GA-ELM 预测结果的对比

图 5.12 展示了负向基金投资潮涌配对样本下真实值和 PSO-ELM 预测结果的对比。从左图可以发现原始预测值会出现个别极端值，从右图可以发现该模型会将 T 为 1 的真实值预测为 0，也会将 T 为 0 的真实值预测为 1。经计算该模型的 MSE 为 0.5996，R^2 为 0.0789，$Accuracy$ 仅为 84.00%，可见该模型的预测效果较好。

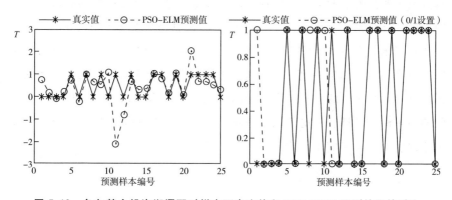

图 5.12 负向基金投资潮涌配对样本下真实值和 PSO-ELM 预测结果的对比

三 预测效果对比分析

各预测模型的 MSE、R^2 和 $Accuracy$ 见表 5.2，通过对比可以发现无论是在正向基金投资潮涌–配对组样本还是在负向基金投资潮涌–配对组样本中，相对于 BP、GA-BP、ELM 和 PSO-ELM，GA-ELM 的预测效果均最好，MSE 最小、R^2 最大、$Accuracy$ 最高。综上，GA-ELM 预测模型的预测能力最强，预测效果最好，具有更高的分类精度和更强的泛化能力。

表 5.2　各模型预测效果对比

模型	BP	GA-BP	ELM	GA-ELM	PSO-ELM
正向基金投资潮涌–配对组样本					
MSE	0.1986	0.1660	0.2327	0.1223	0.2070
R^2	0.2633	0.3893	0.1525	0.6634	0.1830
$Accuracy$	60.00%	80.00%	68.00%	92.00%	80.00%
负向基金投资潮涌–配对组样本					
MSE	0.2927	0.2281	0.3401	0.0725	0.5996
R^2	0.0753	0.1785	0.2140	0.7379	0.0789
$Accuracy$	64.00%	76.00%	84.00%	96.00%	84.00 %

本章基于 GA 改进 ELM 模型，通过 GA 对 ELM 输入权值及隐含层偏置进行优化，从而获得性能最佳的参数并据此确定出最终的 ELM 预测模型，然后利用各只股票发生基金投资潮涌季度前 1 个月的市场指标对基金投资潮涌进行提前预测。将本章的预测模型的预测结果与 BP、GA-BP、ELM、PSO-ELM 预测模型的预测结果进行对比，结果表明本章采用的基于 GA-ELM 的预测模型具有更高的预测准确率和更强的泛化能力，在基金投资潮涌预测中具有明显的优势。本部分的研究为股票市场监管层提供了一个有效的预测模型，具有一定的政策应用价值，为防控金融风险、坚守不发生系统性金融风险提供了经验借鉴。

第六章

基金投资潮涌的影响因素
研究和防控对策建议

前文的研究表明，基金投资潮涌的发生降低了股票市场的信息效率和流动性、加大了股票市场的波动、抑制了上市公司的投资、加剧了个人投资者福利水平的波动，这严重干扰了股票市场的正常秩序，使股票市场的基本功能难以正常发挥，违背了股票市场的"公平、公正、公开"原则，不利于股票市场的稳定健康发展。第三章的理论分析部分表明，基金投资潮涌的发生，除了受基金经理整体的价值认同感和个股股价的客观波动影响，还会受到其他因素（τ_t[①]）的影响，τ_t的数值越大，共振效应导致的股价波动振幅就越小。基于此，本章从基金投资潮涌防控指导原则、基金业均衡发展、完善上市公司治理结构、提高股票市场外资开放程度、保证货币政策透明以及引导个人投资者理性投资五个方面探讨基金投资潮涌的防控对策建议。本章首先对基金投资潮涌的影响因素进行理论分析并提出研究假设，其次利用中国股票市场的相关数据进行实证检验，最后结合理论分析以及实证研究的结论提出防控基金投资潮涌的对策建议。

第一节　理论分析与研究假设

影响基金投资潮涌的因素比较复杂，既涉及宏观层面如国家货币政策

---

① 关于 τ_t 的说明见第三章公式（3.15）。

和股市规章制度等影响因素，又涉及中观层面如基金业发展、股市中个人投资者等影响因素，还涉及微观层面如上市企业治理结构等影响因素。结合基金投资潮涌发生的具体情况，本章拟从基金业发展、上市公司治理结构、股票市场外资开放程度、货币政策以及个人投资者五个方面进行理论分析，并提出研究假设。

一　基金业发展因素

我国基金业发展至今，面临数量和质量发展失调的局面，即基金规模快速发展，但投资能力不足的失衡困境。自 1998 年以来，特别是 2003 年《证券投资基金法》颁布实施以来，我国基金无论是在数量上还是在整体的管理规模上均急速扩张。1998 年至 2018 年 3 月，我国的基金数量从最初的 5 只发展到超过 5000 只，管理的资产规模从最初的不足百亿元发展到已超 12 万亿元，基金管理公司从 1998 年的 6 家发展到 123 家（张羽，2018）。然而，基金业在快速发展的过程中，只注重数量的发展，而不着力于投资能力的提高和产品的创新，产品同质化严重，投资风格趋同，未能实现差异化、多元化发展，这导致基金市场的整体效率低下，尚未能承担起有效管理各类公共财富和私人财富的重任（王林、俞乔，2013）。基金数量的盲目增长，成为股票市场一大不稳定因素，例如基金的反馈交易和羊群行为会对个股股价和整个股票市场波动产生重大影响。同理，现阶段，基金业在数量上的快速发展也可能会增加发生基金投资潮涌的概率。基于此，本章提出假设 H7。

假设 H7：基金业数量的发展与发生基金投资潮涌的概率呈现正相关关系。

基金业在数量上快速增长的同时，面临投资能力不足的困境。"选基金就是选基金经理"，这是基金投资者选购基金的至理名言，他们看重的是基金经理专业的投资能力。然而，由于基金经理的门槛要求过低和基金经理频繁跳槽，基金经理的投资能力不足，所管理的基金业绩也较低。成熟的基金经理是基金公司的宝贵资源，但是在基金数量极速扩张的背景下，基金业人才相对匮乏，出现了基金经理供不应求的矛盾。为了缓解这种供需矛盾，基金业会增加基金经理的供应量，基金经理的培养期被大大缩短，这导致基金经理出现低龄化和浅阅历的现象。这种"拔苗助长"方式培养出来的基金经理往往专业知识不足、经验欠缺、专业投资能力低下。现阶段，基金经理频繁跳槽，同时在现行基金业业绩排名制度下，为了避免因为自己投资策略失误导致业绩排名靠后而遭解雇，新更换的基金经理在羊群效应的作用下投资风格趋同。由以上的分析可知，基金经理的门槛要求过低导致新培养的基金经理投资能力不足，而频繁跳槽的基金经理为业绩排名选择趋同的投资策略又限制了基金经理投资能力的提升。具有优秀的投资能力的基金经理，在长期的实践中会摸索出独特的投资策略，能够抵制羊群效应的影响，严格执行既定的投资策略。同时，在投资环境不断变化的背景下，优秀的基金经理将随着股票市场的变化调整投资策略。对于本书的研究，基金经理整体的投资水平越高，在实践中越会形成各具特色的投资策略，投资差异化程度越高，发生基金投资潮涌的概率就越低，即基金经理的投资能力的提高会减少发生基金投资潮涌的概率。据此，本章提出假设 H8。

假设 H8：基金业质量的发展与发生基金投资潮涌的概率呈现负相关关系。

二 上市公司治理结构因素

上文的理论分析和实证检验均表明在基金投资潮涌中，基金经理可以提前获取信息，提前获取信息是基金投资潮涌发生的前提条件，因此避免上市公司的信息泄露是解决基金投资潮涌问题的关键所在。唐齐鸣和张云（2009）的研究表明，公司治理不完善是内幕交易发生的根本原因之一，由于持股的原因，基金经理往往也是上市公司的股东，他们作为上市公司内部人员是公司治理结构的参与主体，会参与公司治理和企业经营管理的各个环节，对公司业绩变化、股利分配以及兼并重组等重大信息具有无可比拟的获取优势。另外，基金经理一般具有广阔的人脉，既包括上市公司董事、监事或者高管，也包括外部的咨询机构、其他金融机构的管理人员，通过在这些人际关系网络中进行频繁的信息交流，基金经理也可以提前获取内部的投资信息。如果基金经理掌握了这些内幕信息，在公司内部监督机制不完善的情况下，就容易产生道德风险，基金经理将利用这些内幕信息来牟取暴利。此外，公司治理结构不完善还加剧了信息不对称问题（唐齐鸣、张云，2009）。一方面，上市公司信息披露质量差、对重大事件披露不及时，例如上市公司经常对已公布的涉及财务报告方面的信息进行更正。另一方面，中国证监会对上市公司信息披露的时限要求较宽，上市公司的各项报告经常在会计周期结束后几个月才公布，对于重大事项的披露更是严重滞后，有些直至消息已传遍整个股票市场，上市公司才予以公告或者澄清。因此，个人投资者很难利用上市公司的公开信息进行投资分析和选股操作，个人投资者处于信息劣势地位。在第三章的理论分析和实证检验中已经表明，基金经理具有信息优势，特别是当上市公司信息透明度较低时，基金经理往往能够凭借其信息收集的能力提前和准确地获取信息。因此，本章认为上市公司的治理结构是影响基金投资潮涌的因素之一，上市公司的治理结构越完善，发生基金投资潮涌的概率越小；而上市公司的治理结构越差，发生基金投资潮涌的概率越大。据此，本章提出假设 H9。

假设 H9：上市公司治理结构的完善程度与发生基金投资潮涌的概率呈现负相关关系。

三 我国股票市场外资开放程度因素

研究表明金融自由化会降低当地国股票市场的波动（Umutlu et al.，2010；Han et al.，2015），有利于稳定股票市场，这也是我国一直致力于推进境外资本更多地参与我国资本市场发展的初衷。境外机构投资者拥有比本地投资者更成熟的投资理念和管理技能（Ferreira and Matos，2008），具有专业的信息收集、处理和分析能力，能够通过分析上市公司所披露的信息，做出较为理性的投资决策。境外机构投资者参与我国资本市场有利于我国形成良好的投资理念，减少我国投机活动，能够稳定我国股票市场（杨竹清，2014）。譬如，杨竹清和刘少波（2013）的研究发现，境外投资者直接持股比例与内地股票的波动性呈现负相关关系，即随着境外投资者直接持股比例的提高，内地股票的波动性降低。境外机构投资者对本地上市公司的研究报告中通常会包含更多的信息（Bacmann and Bolliger，2001），这就降低了发生基金投资潮涌时基金经理进行隐藏交易的可能性，因此随着外资开放程度的提高，发生基金投资潮涌的概率变小。据此，本章提出假设 H10。

假设 H10：股票市场外资开放程度与发生基金投资潮涌的概率呈现负相关关系。

四 货币政策因素

我国货币政策和股票市场存在正相关关系，扩张性货币政策有利于股票价格上涨，紧缩性货币政策对股票市场存在不利影响（王曦、邹文理，2011）。我国股票市场属于"资金推动"型市场，当货币供应量增加时，投资者可用于投资的资金量增加，为了获取更高的收益，他们会考虑将新增的资金投入股票市场；同时，国家所期望的扩大消费和实业投资往往难以实现，增加的货币供给很大一部分没有进入实体经济，而是以投机资金和"热钱"的形式进入了股票市场。因此，货币供应量的增加会使股价上涨（屈晶，2015）；反之，货币供应量减少会使股价下跌。对于本书的研究，从第三章的理论分析和实证检验可知，无论是在正向还是在负向的基金投资潮涌中，个股股价的波动都主要是基金经理整体的价值认同感与个股股价的客观波动的趋同值超过某一值时产生的共振效应导致的，扩张性的货币政策直接推动的股价上涨或者紧缩性的货币政策直接推动的股价下跌的影响效应比较小。

从第四章的基金投资潮涌的危害性分析与实证研究可知，基金经理要从基金投资潮涌中获利退出需要有大量个人投资者接盘，因此股市中个人投资者的数量也是基金投资潮涌的影响因素。而在我国股市中，货币政策能够给投资者带来预期，即扩张性货币政策会给投资者带来股票价格上涨的心理预期，那么将有大量的个人投资者入市投资；反之，紧缩性货币政策会给投资者带来股票价格下跌的心理预期，那么将有大量的个人投资者离开股票市场。基于以上的讨论，本章认为扩张性货币政策会提高发生基金投资潮涌的概率，紧缩性货币政策会降低发生基金投资潮涌的概率。据此，本章提出假设 H11。

假设 H11：我国的货币政策与发生基金投资潮涌的概率呈现正相关关系。

五　个人投资者因素

个人投资者的接盘是基金经理可以从基金投资潮涌中获利的根本原因。正如第四章的研究表明，在发生正向基金投资潮涌的下一期，个人投资者在高位接过基金经理手中的股票，在发生负向基金投资潮涌之前，基金经理会将手中的股票缓慢地转移到个人投资者手中。这主要是因为个人投资者投资理念不成熟、风险意识淡薄、投机性较强，例如个人投资者大多不关心上市公司的财务状况，一味地追求短线操作，通过买卖价差得利，从而为基金经理从基金投资潮涌中获利提供了可乘之机。因此，本章认为股票市场中新增的个人投资者数量越多，发生基金投资潮涌的概率越大；反之，股票市场中新增的个人投资者数量越少，发生基金投资潮涌的概率越小。据此，本章提出假设 H12。

假设 H12：股票市场中新增个人投资者数量与发生基金投资潮涌的概率呈现正相关关系。

第二节　基于 Logit 模型的实证研究

一　模型设定

由于本章研究的是是否发生基金投资潮涌，把它作为被解释变量，属于典型的二分变量，因此本章采用 Logit 模型来分析影响发生基金投资潮涌的因素，模型如式（6.1）所示。

$$\text{Logit}\left[\frac{p(T_i = 1)}{1 - p(T_i = 1)}\right] = \text{Logit } T_i = \alpha_0 + \beta_1 Fund\_New_i + \beta_2 Fund\_Skill_i + \beta_3 Herf_i +$$

$$\beta_4 Foreign_i + \beta_5 Policy_i + \beta_6 Ind\_New_i + B \times Contral_i + \varepsilon_i$$

$$(6.1)$$

其中，被解释变量为是否发生基金投资潮涌（T），是为 0 和 1 的随机变量，$p(T_i = 1)$ 表示发生基金投资潮涌的概率。关键解释变量如下：①选取各个季度新成立的基金公司数量来表征基金业数量发展因素（*Fund_New*），该指标越大表示基金业数量的发展越快；②选取基金业季度市场回报率来表征基金业质量发展因素（*Fund_Skill*），以深证基金考虑现金红利再投资的季度市场回报率（等权平均法）来表示，一般来说该指标越大表示我国基金业基金经理整体的投资能力越高；③选取股权集中度的倒数来表征上市公司的治理结构（*Herf*），股权集中度的计算公式为前 10 大股东持股比例的平方和，股权集中度越高，其倒数越小，表明上市公司股权越集中，上市公司的治理结构越不完善；④选取各个季度的基金公司外资出资比例①的均值来表征我国股票市场对外开放程度（*Foreign*），该指标越高，表明我国资本市场的对外开放度越高；⑤借鉴王曦和邹文理（2011）的做法，选取季度 M2 的同比增长率来表征我国的货币政策影响因素（*Policy*），该指标越高，表明我国货币政策越积极；⑥选取我国 A 股市场个人投资者新增开户数的季度增长率来表征个人投资者影响因素（*Ind_New*），该指标越高，表明新加入股市的个人投资者越多。此外，本章还选取了归一化的基金经理整体的价值认同感与个股股价的客观波动的趋同值（*z*）②、上市公司资产总计（*Size*）、上市公司净资产收益率（*ROE*）、季度换手率（*Turnover*）四个控制变量。

二 样本及变量的描述性统计

延续上一章样本的选取方法，同时为确保模型估计的稳健性和有效性，本章采用 1∶2 配对比例进行黑色样本和白色样本的配对，即发生基金投资潮涌与未发生基金投资潮涌样本的比例为 1∶2。考虑到负向基金投资潮涌和正向基金投资潮涌的发生机理是一样的，只是基金经理整体的价值认同感与个股股价的客观波动的趋同值的正负号的差异，因此在本章的实证分析中将负向基金投资潮涌样本中的基金经理整体的价值认同感与个股股价的客观波动的趋同值 *z* 进行取绝对值处理，将其转化为 0~1 的正值，这样就可以将正向和负向基金投资潮涌样本整合起来进行实证分析。

本章的数据均来源于 Wind 数据库和 RESSET 数据库，剔除数据不全的

---

① 《证券投资基金管理公司管理办法》对中外合资基金管理公司的境外股东应当具备的条件进行了详细的说明。

② 该指标的计算方法参见第三章第三节第四小节部分内容。

样本，共选取 1048 个样本。各变量的描述性统计如表 6.1 所示，除了 T 的取值为 0 和 1，其余变量也会出现最小值为 0 的情况，这既可能是样本取值的真实反映，也可能是数据缺失造成的，若将这些样本直接剔除，那么从模型估计的角度来看可能会带来估计结果的有偏性和无效性，更为重要的是，可能会忽略变量本身为 0 值所蕴含的重要信息，因此本书保留该 0 值。为保证估计结果的有效性，对除被解释变量 T 以外的变量进行取对数处理。鉴于因变量和控制变量可能出现 0 值以及小于 0 值的问题，借鉴 Busse 和 Hefeker（2007）的方法，对各变量用公式 $\ln\left[x + (x^2 + 1)^{1/2}\right]$ 进行转换替代，以解决上述问题。

表 6.1 变量的描述性统计

变量	均值	标准差	最小值	最大值
T	0.3333	0.4716	0	1
Fund_New（家）	1.3293	1.5923	0	6
Fund_Skill	0.3351	0.4837	−1.0285	1.9415
Herf	8.7209	16.9917	1.0747	254.7511
Foreign（%）	37.4323	0.3868	36.9618	38.3316
Policy（%）	13.6913	2.9736	9.4	28.4500
Ind_New（%）	29.8530	82.3911	−69.5757	343.6557
z	0.5354	0.3596	0	1
Size（元）	2.87×10^{10}	8.20×10^{10}	1.11×10^{8}	1.44×10^{12}
ROE	0.0052	1.2979	−45.5508	2.4611
Turnover（%）	147.4442	115.7660	1.3804	708.8659

三　实证结果分析

模型（6.1）的估计结果如表 6.2 所示。从表 6.2 中可以发现，各关键解释变量估计系数的正负号均符合前文的理论分析，并且大部分系数至少在 5% 的水平下显著，只有股票市场对外开放程度（Foreign）在 10% 的水平下显著。基金业数量发展因素（Fund_New）的估计系数显著为正，这表明基金业数量的发展与发生基金投资潮涌的概率呈现正相关关系，现阶段，基金业数量的快速发展会增加发生基金投资潮涌的概率，假设 H7

得到验证。基金业质量发展因素（*Fund_Skill*）的估计系数显著为负，这表明基金业质量的发展与发生基金投资潮涌的概率呈现负相关关系，基金经理的投资能力的提高会减少发生基金投资潮涌的概率，假设 H8 得到验证。上市公司的治理结构（*Herf*）的估计系数显著为负，治理结构越完善的上市公司，其股票发生基金投资潮涌的概率越小，这表明上市公司的治理结构的完善程度与发生基金投资潮涌的概率呈现负相关关系，假设 H9 得到验证。股票市场对外开放程度（*Foreign*）的估计系数显著为负，这表明股票市场外资开放程度与发生基金投资潮涌的概率呈现负相关关系，随着外资开放程度的提高，发生基金投资潮涌的概率变小，假设 H10 得到验证。该结论与 Umutlu 等（2010）和 Han 等（2015）的研究结论一致。货币政策影响因素（*Policy*）的估计系数显著为正，这表明我国的货币政策与发生基金投资潮涌的概率呈现正相关关系，扩张性货币政策会提高发生基金投资潮涌的概率，假设 H11 得到验证。个人投资者影响因素（*Ind_New*）的估计系数显著为正，这表明现阶段股票市场中新增的个人投资者数量越多，发生基金投资潮涌的概率越大，假设 H12 得到验证。

表 6.2　实证检验的估计结果

变量	系数	标准差	z 统计量
Fund_New	0.1464 ***	0.0418	3.5052
Fund_Skill	-0.3829 **	0.1778	-2.1534
Herf	-0.0553 **	0.0261	-2.1191
Foreign	-0.2905 *	0.1625	-1.7875
Policy	0.9784 ***	0.1452	6.7394
Ind_New	0.0594 ***	0.0169	3.5165
z	3.6454 ***	0.2009	18.1495
Size	-0.1591 ***	0.0165	-9.6516
ROE	0.0121	0.2141	0.0563
Turnover	0.1963 ***	0.0294	6.6753
N	1048	最大似然估计值	-434.7178
LR 统计量	696.3893	麦克法登 R^2	0.4447

注：* 、** 和 *** 分别表示显著性水平为 10%、5% 和 1%，没有报告常数项系数。

四 稳健性检验

为了确保本章模型估计结果的稳健性，本章还将 *Fund_ Skill* 的数据替换为深证基金不考虑现金红利再投资的季度市场回报率（等权平均法）进行稳健性检验。稳健性检验的估计结果如表 6.3 所示，从中可以看出各变量的估计系数并没有发生显著的变化，稳健性检验的结果与上文的估计结果基本一致，说明本章的研究结论具有较强的稳定性。

表 6.3　稳健性检验的估计结果

变量	系数	标准差	z 统计量
Fund_ New	0.1315 ***	0.0424	3.0985
Fund_ Skill	−0.5470 ***	0.2004	−2.7287
Herf	−0.0552 **	0.0261	−2.1145
Foreign	−0.3507 **	0.1630	−2.1510
Policy	0.9834 ***	0.1445	6.8051
Ind_ New	0.0605 ***	0.0169	3.5747
z	3.6753 ***	0.2020	18.1949
Size	−0.1583 ***	0.0165	−9.5733
ROE	0.0070	0.2043	0.0344
Turnover	0.2042 ***	0.0297	6.8780
N	1048	最大似然估计值	−432.9830
LR 统计量	699.8588	麦克法登 R^2	0.4716

注：** 和 *** 分别表示显著性水平为 5% 和 1%，没有报告常数项系数。

第三节　对策建议

为了有效减少基金投资潮涌的发生，本部分结合前文，同时针对本章的理论分析和实证检验结果提出防控基金投资潮涌的对策建议，拟从基金投资潮涌防控指导原则、基金业均衡发展、完善上市公司治理结构、提高股票市场外资开放程度、保证货币政策透明和引导个人投资者理性投资等方面提出具体的防控建议。

一　"立场鲜明、防控结合、综合治理、重点突破"的指导原则

1. 立场鲜明

上文的研究表明，基金投资潮涌降低了股票市场的信息效率和流动性，增加了股价的波动性，是股市暴涨暴跌的助推器，同时它也抑制了上市企业的投资和加剧了个人投资者福利水平的波动。这既增加了股票市场的不稳定因素，不利于股票市场的稳定健康发展和金融服务实体经济功能的发挥，又损害了个人投资者的利益，给股票市场、上市企业和个人投资者三方均造成负面影响。虽然当前还没有法律法规对基金投资潮涌做出明确的定义以及处罚规定，但考虑到其所带来的负面影响，在证券市场"公平、公正、公开"的原则下，监管层仍然要高度重视对基金投资潮涌的治理，要建立一套行之有效的监管体系，同时对典型事例进行通报批评，对涉事基金公司和基金经理进行批评教育，号召基金业自觉禁止基金投资潮涌的发生，以促进股票市场的健康发展、更好地发挥金融服务实体经济的功能和保护中小投资者利益。

2. 防控结合

防控结合就是要做到事前预警和事中监控相结合，第五章的研究表明可以利用 GA-ELM 预测模型对基金投资潮涌进行事前的预测。因此，监管部门应该建立基金投资潮涌的预警机制，防患于未然，同时消除基金投资潮涌的驱动因素，这可在一定程度上预防基金投资潮涌的发生。事中监控是指在股票交易过程中，监管部门动态监控和密切跟踪基金的交易行为，及时发现基金投资潮涌的踪迹，并迅速阻止基金投资潮涌以降低其危害。鉴于现阶段，还没有相关的法律法规对基金投资潮涌进行明确的定义，因此只有把事前预警和事中监控有机地结合起来，建立"两位一体"的基金投资潮涌预测防控体系，才能真正有效减少和防止基金投资潮涌的发生。

3. 综合治理

从上文的分析可以发现，影响基金投资潮涌的因素比较复杂，既涉及宏观层面如国家货币政策和股市规章制度等影响因素，又涉及中观层面如

基金业发展、股市中个人投资者的投资水平等影响因素，还涉及微观层面如上市企业的治理结构等因素。因此，防控基金投资潮涌是一个系统工程，不能"九龙治水，各管一摊"，要总体规划、综合治理；要坚持从整体推进基金投资潮涌防控，避免头痛医头、脚痛医脚，树立全局眼光和战略思维，运用统筹兼顾的方法，更加重视基金投资潮涌防控的顶层设计和总体规划，更加注重基金投资潮涌防控的系统性、整体性和协调性。

4. 重点突破

综合治理是不是意味着不分主次、不分重点，"眉毛胡子一把抓"呢？答案是否定的。唯物辩证法告诉我们，在认识事物时需要注意区分主要矛盾和次要矛盾，这两个矛盾不是平起平坐、不分轻重的。主要矛盾在事物的发展过程中处于支配地位，对事物发展起决定性作用。这就要求在基金投资潮涌防控工作中要坚持两点论和重点论的统一，既要学会统筹兼顾，又要善于抓住重点，集中精力解决主要矛盾。在基金投资潮涌防控中只有抓住主要矛盾，分清轻重缓急，在关键方面进行重点突破，使之对综合治理起到牵引和推动作用，才能实现对基金投资潮涌的有效治理，从而促进股票市场健康发展、发挥金融服务实体经济的功能和保护中小投资者利益。因此，下文分别从基金业均衡发展、完善上市公司治理结构、提高股票市场外资开放程度、保证货币政策透明和引导个人投资者理性投资五方面阐述重点突破的对策建议。

二　基金业均衡发展的建议

在基金业数量快速发展的同时，要大力促进基金业质量的发展。本书认为可以从以下三个方面来促进基金业质量的发展。

1. 扩大投资范围以便基金产品创新

我国基金产品同质化严重、投资风格趋同的一个客观原因是可供基金选择和投资的证券品种太少，因此要扩大《证券投资基金法》中规定的基金投资范围以便基金进行产品创新，实现差异化和多元化发展。同时，要借助已开通的沪港通和深港通实现基金资金配置的国际化，创新基金品种。

2. 建立有效的基金经理激励约束机制

目前，我国大多数基金公司的主要收入来源为固定比例的基金管理费，这是一种只有激励而没有约束的激励机制，难以发挥激励效应，不仅会导致基金经理的过度风险承担行为，如基金经理的"老鼠仓"事件，还会导致基金管理人人为做大市值的道德风险。这不仅损害了投资者的利益，还不利于证券市场的稳定（彭耿，2010）。完善和推广在固定比例的管理费基础上再收取一个激励费和持基激励两种激励约束机制可以更好地激发基金经理的投资能力。第一种激励约束机制中的激励费是基金业绩超过某一比较基准之后，从差额部分提取一定比例作为激励支付给基金公司，该基准可以理解为基金投资者的预期收益率，这样为了获取额外的激励，基金经理就有动机提高自身的投资能力。持基激励机制是指基金经理自购其管理的基金，这种激励约束机制将基金投资者的利益、基金公司和基金经理的利益紧密地捆绑在一起，有利于在基金投资者获得更高收益的时候，在一定程度上避免基金经理为取得短期目标或高收益而让基金投资者承担高风险，可以在基金投资者、基金公司和基金经理之间建立起更深层次的信任，从而最终建立起一个"收益共享、风险共担"的激励约束机制（彭耿，2010）。

3. 加大对基金经理后备人才的培养力度

基金公司要注重对内部人才的培养，注重对专业知识和实际操作两方面的训练，尽量使基金经理的个人技能、特点与其所管理基金产品的风格匹配。一般来说，内部培养的基金经理已经与研究、交易、风控、投资等团队经过长期磨合，工作效率更高、合作更好，同时，内部培养的基金经理对公司的忠诚度也会高一些，这样也可以减少基金经理的跳槽频率。

三 完善上市公司治理结构的建议

避免上市公司的信息泄露和信息不对称是解决基金投资潮涌问题的关键，本书认为可以通过建立和完善内幕信息保密制度、知情人交易登记制度以及完善上市公司的信息披露制度来完善上市公司的治理结构。

1. 建立和完善内幕信息保密制度

要建立和完善内幕信息保密制度，并坚决执行。首先，要明确内幕信息的范围。内幕信息是指在证券交易活动中，涉及公司的经营、财务或者对公司证券及其衍生品种交易价格有重大影响的尚未公开的信息，包括但不限于公司的经营方针和经营范围的重大变化、公司的重大投资行为和重大购置财产的决定、公司发生重大亏损或者重大损失、公司分配股利或者增资的计划、公司股权结构的重大变化、公司债务担保的重大变更、上市公司收购的有关方案等事项的筹划与决策，以及公司在提出意向、开展实地考察、提出并讨论相关方案、召开相关会议、与相关各方洽谈、最终决策等各个环节产生或知悉的重要信息。其次，要扩大内幕信息知情主体的认定范围。现阶段我国的《证券法》将内幕主体区分为"内幕信息的知情人"和"非法获取内幕信息的人"，当前大量利用内幕信息从事套利行为的主体既非"内幕信息的知情人"又非"非法获取内幕信息的人"，而是处于上述两者之间"灰色地带"的"合法获取内幕信息的人"。因此，可将"内幕信息知情主体"概括性的定义为以内幕信息为纽带可接触内幕信息的人（李寿喜、汤莺平，2018），以扩大内幕信息知情主体。最后，要加大对泄露内幕信息和利用内幕信息从事交易的相关人员的惩罚力度。根据对目前中国证监会行政处罚公告和各级法院判决书的统计分析，绝大多数案件执行的是最低档次的处罚，具体表现为执法不严、处罚力度不足、违法成本低，对于泄露内幕信息、进行内幕交易的违法人员未能实施应有的制裁（李寿喜、汤莺平，2018）。这导致从事内幕交易的违规收益远远大于遭受处罚的成本。因此，为了起到惩戒效用，要加大对泄露内幕信息和利用内幕信息从事交易的相关人员的惩罚力度。

2. 建立和完善知情人交易登记制度

建立和完善知情人交易登记制度，有利于更好地监测知情人员交易行为对股价的影响。例如通过建立动态的内幕知情人数据库，可将相关内幕人员的详细交易数据接入数据库，形成不断更新的数据监控体系，从而实时监控知情人员交易行为与相关股价的大幅波动和异常买卖的关系，建立预警机制，当内幕人员的交易触发预警时及时立案调查。

3. 完善上市公司的信息披露制度

为了缓解投资者之间的信息不对称问题，需要完善上市公司的信息披露制度，提高信息透明度。一方面，要规范上市公司的信息披露，要求上市公司在指定媒体上及时披露相关信息，并保证披露信息的真实性、准确性、完整性、及时性和公平性，以增加上市公司信息的透明度，尽可能地降低信息不对称，以保护广大投资者，尤其是中小投资者的合法权益，实现市场参与者的机会公平。另一方面，监管部门要对上市公司的信息披露进行动态监管，特别是对信息披露的真实性进行核实，若发现上市公司披露的信息不真实或前后不一致，具有欺骗性和误导性，应立即进行查处并及时发布公告，若发现对投资者构成误导和欺骗的，应立即予以严厉处罚。

四　提高股票市场外资开放程度

首先，要营造良好的外资投资环境。虽然我国资本市场发展已经取得了很大的进步，但是还没有形成健全有效的制度，外资的投资环境还不够稳定，因此要营造良好的投资环境以吸引境外投资者，为境外投资者的多元化发展提供有利条件。例如，可以适当增加外资机构的类型、投资额度，扩展其投资范围。其次，要引入高质量的境外投资者。高质量的境外投资者具有较强的信息收集、处理和分析能力，能够通过分析上市公司所披露的信息，做出较为理性的投资决策，有利于形成良好的投资理念，减少投机活动，促进我国股票市场的稳定健康发展。最后，要加强对境外投资者的监管。虽然引入境外投资者的初衷是利用其成熟的投资理念和管理技能完善我国资本市场，但不可否认，会有部分境外投资者有短期投机性炒作、价格操纵和内幕交易等投机行为。因此，需要加强对境外投资者的监管。

五　保证货币政策透明，合理引导公众预期

一方面，在货币政策披露过程中，应建立起完善的信息披露机制。政府在公布或改变货币政策时，需要重视事前与事后的信息披露，与公众进行更为频繁的沟通，保证货币政策透明，进一步合理引导公众的预期。另一方面，在货币政策实施过程中，要充分考虑政策的持续性和稳定性，减少货币政策对股市的过度冲击，避免股市出现大幅变动，导致公众心理预期骤变，市场发生过度反应。

六　引导个人投资者理性投资，积极开展对个人投资者的教育活动

从上文的理论分析和实证检验发现，个人投资者非理性涌入股票市场

是提高发生基金投资潮涌的概率的重要因素，而第四章的研究表明，基金投资潮涌的发生又会导致个人投资者福利水平发生剧烈波动。因此，加强对个人投资者的教育，引导其理性投资既可以减少发生基金投资潮涌的概率又可以有效地保护个人投资者利益。

1. 引导个人投资者树立正确的投资理念

目前，股票市场中的个人投资者普遍缺乏正确的投资理念，他们风险意识淡薄，幻想着"一夜暴富"。这种投机心理使得个人投资者往往"急于求成"、热衷于打听小道消息和"盲目跟风"，个人投资者的这些非理性行为，为基金经理从基金投资潮涌中获利提供了可乘之机。因此，要引导个人投资者树立正确的投资理念，增强个人投资者的风险意识和风险防范能力，提高个人投资者自身的综合素质和抗风险能力，引导其进行理性投资。这样既可以降低个人投资者的股票投资风险，又可以在一定程度上抑制基金投资潮涌的发生。

2. 积极开展个人投资者教育活动

构建一个多样性、多层次的个人投资者教育体系，可以满足不同个人投资者的需求。运用多种媒体工具创新教育形式、丰富教育内容、拓展教育手段，寓教于乐，可以使个人投资者在轻松的氛围中提高投资水平，从而达到引导个人投资者理性投资的目的。可以通过举办专门的基金投资潮涌的宣传教育活动，利用典型案例来揭示基金投资潮涌的危害性，让个人投资者尽可能地远离基金投资潮涌，这样既可降低个人投资者的股票投资风险，又可以在一定程度上遏制基金投资潮涌的发生。

本章首先从基金业发展、上市公司治理结构、股票市场外资开放程度、货币政策以及个人投资者五个方面对基金投资潮涌的影响因素进行理论分析并提出研究假设；其次利用中国股票市场的相关数据进行实证检验；最后从基金投资潮涌防控指导原则、基金业均衡发展、完善上市公司治理结构、提高股票市场外资开放程度、保证货币政策透明和引导个人投资者理性投资等方面提出具体的防控建议。本章在实证检验的基础上提出的对策建议更具针对性，具有一定的政策应用价值，为防控金融风险、坚守不发生系统性金融风险提供经验借鉴。

结　语

　　长期以来，个股股价剧烈波动已成为困扰我国股票市场的"顽疾"。现有研究普遍表明以基金为代表的机构投资者不仅没有起到稳定市场的作用，反而成为股市暴涨暴跌的助推器，特别地，在基金的参与下股市中时常"妖股"横行，个股股价频频出现大起大落、暴涨暴跌的异象。学者们一般将基金参与下的股市和个股股价波动归结于基金投资的羊群行为以及反馈交易策略，即基金经理之间存在的互相模仿、集体追涨杀跌等非理性行为，使基金成为证券市场的一大不稳定因素。然而，一方面，相关研究表明基金经理可以提前获取信息，并且该信息可以带来显著的超额收益。另一方面，在实际投资中经常能够发现基金经理不约而同地调研同一只股票并且扎堆持股潜伏在同一只个股中。由此可见，在某些投资决策中，基金经理基于特定信息优势进行选择性交易，而不仅是简单的羊群行为或者是反馈交易策略。基金经理会将投资更多地分配到所挖掘出来的股票上，或者提前抛出所持有的股票，从而导致在一段时间内大量基金的资金涌入或者涌出同一只股票，使个股股价出现暴涨暴跌的现象。基于此，本书认为基金参与下个股股价的暴涨暴跌是一种在基金经理个体有限理性下导致基金经理整体非理性的"基金投资潮涌"引起的暴涨暴跌。并且，前文的研究表明，基金投资潮涌不仅会对股票市场产生负面影响，还会抑制上市公司本身的投资，并对股票市场中个人投资者的福利水平造成巨大的冲击。

本书对基金投资潮涌问题进行系统化的研究。首先,基于行为金融、潮涌现象和物理共振对基金参与下个股股价暴涨暴跌的基金投资潮涌进行理论构建,并进行实证验证,重点探讨了基金投资潮涌发生的两个基础条件以及基金经理整体的价值认同感与个股股价的客观波动趋同值超过某一值时发生的共振效应。其次,既从股票市场本身的角度,又从上市企业投资水平和股市中个人投资者福利水平两个新的视角研究基金投资潮涌的危害性。最后,探讨了基金投资潮涌的预测模型和防控对策建议。结合本书第三章到第六章的研究,得出以下主要结论。

(1)我国股票市场确实存在基金投资潮涌现象

理论分析表明,基金经理提前获取信息和基金经理进行隐藏交易是发生基金投资潮涌的两个基础条件,基金经理整体的价值认同感和个股股价的客观波动的趋同值超过某一值时会发生共振效应,导致个股股价出现暴涨暴跌的现象。在机理分析的基础上,本书将基金投资潮涌定义为:基金经理基于提前获取投资信息的优势,在获取投资信息后由于行为偏差会形成个人对某只股票的主观投资信念(买入或卖出),进而形成基金经理整体对该只股票的价值认同感,如果众多基金经理的主观投资信念都趋于一致,那么将形成很强的价值认同感,此时若该价值认同感与个股股价本身的客观波动的趋同值大于某一值,将导致一个时间段内在隐藏交易下许多基金的资金像波浪一样,一波接一波地涌入(涌出)某只股票,这些交易的叠加会不断推高(拉低)股价,即基金经理整体的价值认同感对个股股价不断施加影响,最终会导致个股股价的非理性暴涨(暴跌)。

实证研究表明,基金投资潮涌有如下几个特征。①基金经理确实可以提前获取信息;②基金经理进行隐藏交易;③在正向和负向基金投资潮涌中,当基金经理整体的价值认同感和个股股价的客观波动的趋同值超过0.90(正向基金投资潮涌)或-0.89(负向基金投资潮涌)时,会发生共振效应,导致个股股价上涨48.4970%或下跌55.7674%。

这部分研究将对象限定在基金的投资行为是如何导致个股股价的暴涨暴跌这一范围,融合行为金融、潮涌现象以及物理共振的思想来阐释基金投资潮涌的发生机制,丰富了个股股价暴涨暴跌事件的经济影响的文献,为认识基金投资行为以及研究其市场功能提供了新的视角,同时为分析股票市场波动原因提供了新的方向,对于我国推进资本市场快速、稳定发展具有重要意义。

（2）基金投资潮涌会对股票市场各交易主体造成负面影响

首先，基金投资潮涌对股票市场的负面影响包括三个方面：①基金投资潮涌降低了股票市场的信息效率；②基金投资潮涌降低了股票市场的流动性；③基金投资潮涌增加了股价的波动性。

其次，基金投资潮涌对上市企业的投资抑制效应的研究表明：①个股无论是发生正向基金投资潮涌还是负向基金投资潮涌事件均会抑制企业的投资；②个股发生正向基金投资潮涌和负向基金投资潮涌事件对企业投资抑制效用的影响路径不同，管理层工资率上升是个股发生正向基金投资潮涌事件抑制企业投资的影响路径，管理层有限关注转移是个股发生负向基金投资潮涌事件抑制企业投资的影响路径。该部分从管理层工资率变动和有限关注转移两方面研究了基金投资潮涌对企业投资的抑制效应，在研究股票融资功能的基础上，同时考虑了股票的提供激励和深化分工与协作的功能，既丰富了公司投资决策影响因素的文献，也为上市公司建立有效的激励机制以及提高公司的治理水平提供了新的理论依据。结合本部分的实证结果，鉴于管理层工资率上升是个股股价发生正向基金投资潮涌事件抑制企业投资的影响路径，为此，上市公司应该建立有效的激励机制，以加强上市公司的治理能力，提升上市公司的治理水平。例如，可将短期激励和长期激励相结合，减小由于短时间内的股价暴涨暴跌对管理层工资率的剧烈影响。特别是增加对管理层的长期股权激励，将企业未来的价值增长或者业绩提升和管理层未来股权数量相联系，管理层将倾向于增加企业投资以谋取企业的长期利益和价值，这样管理层的投资决策就不易受到短期股价暴涨暴跌的影响。同时，实证检验还表明管理层有限关注转移是个股股价发生负向基金投资潮涌事件抑制企业投资的影响路径，因此，上市公司需要优化高级管理人员结构，合理分配工作岗位，专人专岗，提升员工工作效率，确保企业投资工作的稳步推进。

最后，基金投资潮涌对股票市场中个人投资者福利水平的负面影响的研究表明：个股发生基金投资潮涌会对个人投资者的福利水平造成巨大的冲击，导致个人投资者的福利水平在短期内产生较大的波动。该部分的研究考察个股股价以及个人投资者持股量同时变化对股市中个人投资者福利水平的影响，全面地分析了个人投资者福利水平波动的内在机制，为保护个人投资者利益提供了理论基础。上述研究结果表明个人投资者很容易成为机构投资者"收割"和"蚕食"的对象，个人投资者常常是利益受损者或牺牲品，蒙受巨大的投资损失。因此，急需成立专门的个人投资者利益保护机构，同时，个人投资者也需要提升自身的投资能力，养成价值投资的理念，不可盲目跟风追随机构投资者的步伐。

（3）基金投资潮涌的预测模型和防控对策建议

将 GA-ELM 预测模型的预测结果与 BP、GA-BP、ELM、PSO-ELM 预测模型进行对比后发现，GA-ELM 预测模型具有更高的预测准确率和更强的泛化能力，在基金投资潮涌预测中具有明显的优势，可以将 GA-ELM 作为基金投资潮涌的预测模型。

为了有效地减少基金投资潮涌的发生，本书从基金投资潮涌防控指导原则、基金业发展、上市公司治理结构、股票市场外资开放程度、货币政策和个人投资者六个方面提出具体的防控建议。①要树立"立场鲜明、防控结合、综合治理、重点突破"的指导原则。②扩大投资范围以便基金产品创新、建立有效的基金经理激励约束机制和加大对基金经理后备人才的培养力度以促进基金业均衡发展。③建立和完善内幕信息保密制度、知情人交易登记制度和完善上市公司的信息披露制度以完善上市公司治理结构。④提高股票市场外资开放程度。⑤保证货币政策透明，合理引导公众预期。⑥引导个人投资者理性投资，积极开展对个人投资者的教育活动。

这部分的研究为股票市场监管层提供了一个有效的预测模型，同时在实证检验的基础上提出了更具针对性的对策建议，具有一定的政策应用价值，为防控金融风险、坚守不发生系统性金融风险提供了经验借鉴。

至此，本书已完成对基金投资潮涌问题系统化的研究。然而，回顾全书，本书还存在以下的不足之处。①本书只是利用理论分析和类比推理的方式对基金投资潮涌的机理进行刻画，还未系统地构建基金投资潮涌的数理模型。②囿于现有的数据披露制度，本书在进行基金投资潮涌的机理验证时，使用的是季度数据，在今后的研究中，如果条件允许应该使用时间间隔更短的数据（如月度数据，甚至是日度数据）进行实证研究，这样实证研究的结论将更加精准以及更具有时效性。③在提取基金投资潮涌样本时，鉴于个股股价的客观波动难以度量，本书以剔除上证指数季度收益率的个股季度收益率来表征个股股价的客观波动，在今后的研究中需要构建

更加合理的个股股价的客观波动指标，以更加真实地反映个股股价的客观
波动。④在基金投资潮涌对个人投资者福利水平的负面影响研究中，本书
只是将个人投资者简单分为递增绝对风险厌恶型个人投资者和递减绝对风
险厌恶型个人投资者，进而计算每种风险厌恶型个人投资者在个股股价发
生基金投资潮涌中的福利效应变动，并没有具体计算我国股票市场中这两
种类型的个人投资者占比是多少，因而也就无法计算出我国股票市场中个
人投资者在基金投资潮涌中的净福利效应变动。这些不足之处都是在今后
的研究中需要进一步探索、考虑和完善的问题。

参考文献

蔡庆丰、陈娇：《证券分析师缘何复述市场信息——基于市场反应的实证检验与治理探讨》，《中国工业经济》2011年第7期。

蔡庆丰、宋友勇：《超常规发展的机构投资者能稳定市场吗？——对我国基金业跨越式发展的反思》，《经济研究》2010年第1期。

蔡庆丰、杨侃、林剑波：《羊群行为的叠加及其市场影响——基于证券分析师与机构投资者行为的实证研究》，《中国工业经济》2011年第12期。

陈刚：《基于投资"潮涌现象"的金融风险分析及对策研究》，硕士学位论文，华侨大学，2009。

陈根社、陈新海：《遗传算法的研究与进展》，《信息与控制》1994年第4期。

陈国进、张贻军、刘淳：《机构投资者是股市暴涨暴跌的助推器吗？——来自上海A股市场的经验证据》，《金融研究》2010年第11期。

陈林、伍海军：《国内双重差分法的研究现状与潜在问题》，《数量经济技术经济研究》2015年第7期。

杜威望、刘雅芳：《传染的周转率与基金业绩波动关系研究》，《财贸经济》2018年第1期。

付才辉：《政策闸门、潮涌通道与发展机会？——一个新结构经济学视角下的最优政府干预程度理论》,《财经研究》2016 年第 6 期。

符林:《着力提升金融服务实体经济能力》,《金融时报》2017 年 10 月 30 日。

耿志祥、王传玉、林建忠:《金融资产厚尾分布及常用的风险度量——a-Stable 分布下的 MDD、DaR 和 CDaR》,《数量经济技术经济研究》2013 年第 2 期。

胡大春、金赛男:《基金持股比例与 A 股市场收益波动率的实证分析》,《金融研究》2007 年第 4 期。

胡永刚、郭长林:《股票财富、信号传递与中国城镇居民消费》,《经济研究》2012 年第 3 期。

黄金老:《论金融脆弱性》,《金融研究》2001 年第 3 期。

孔东民、孔高文、刘莎莎:《机构投资者、流动性与信息效率》,《管理科学学报》2015 年第 3 期。

雷倩华、柳建华、龚武明:《机构投资者持股与流动性成本——来自中国上市公司的经验证据》,《金融研究》2012 年第 7 期。

雷震、杨明高、田森等:《股市谣言与股价波动:来自行为实验的证据》,《经济研究》2016 年第 9 期。

李建华:《中国股市共振效应的传导机制及实证研究》,硕士学位论文,华东师范大学,2010。

李建新、胡刚:《风险厌恶型的证券投资数学模型》,《数量经济技术经济研究》2005 年第 3 期。

李君平、徐龙炳:《资本市场错误定价、融资约束与公司投资》,《财贸经济》2015 年第 3 期。

李乃虎:《中国股票市场的福利效应研究》,硕士学位论文,南京财经大学,2012。

李寿喜、汤莺平:《我国内幕交易案件特征与监管缺陷——基于 1998 至 2016 年执法案件的思考》,《上海大学学报》(社会科学版) 2018 年第 1 期。

李学、刘文虎:《市场操纵过程中低贝塔系数现象研究》,《证券市场导报》2004 年第 12 期。

李焰、秦义虎、张肖飞:《企业产权、管理者背景特征与投资效率》,

《管理世界》2011 年第 1 期。

李勇、王满仓:《机构投资者与股价波动率:理论与实证分析》,《经济经纬》2011 年第 6 期。

李志洋、杨万成:《机构投资者对股票波动的影响——基于基金持股及其变化的实证研究》,《投资研究》2014 年第 9 期。

李竹薇、康晨阳:《中国股市抵御国际金融风险冲击的能力——基于行业与市场指数的研究》,《国际金融研究》2016 年第 2 期。

梁荫中、张琳、汤钧民主编《大学物理》,华中科技大学出版社,2006。

林毅夫:《潮涌现象与发展中国家宏观经济理论的重新构建》,《经济研究》2007 年第 1 期。

林毅夫、巫和懋、邢亦青:《"潮涌现象"与产能过剩的形成机制》,《经济研究》2010 年第 10 期。

刘秋平:《机构投资者能否发生稳定器作用——基于个股暴跌风险的实证检验》,《现代财经》(天津财经大学学报)2015 年第 3 期。

刘奕均、胡奕明:《机构投资者类型与股票市场波动实证研究》,《软科学》2010 年第 6 期。

刘钊:《股票市场脆弱性与金融稳定》,中国金融出版社,2009。

卢嘉瑞、朱亚杰:《股市财富效应及其传导机制》,《经济评论》2006 年第 6 期。

罗荣华、兰伟、杨云红:《基金的主动性管理提升了业绩吗?》,《金融研究》2011 年第 10 期。

马波:《中国旅游业"潮涌现象"的预警与预防》,《旅游学刊》2011 年第 1 期。

马娟、樊顺厚、常浩:《Heston 模型下基于 HARA 效用准则的资产-负债管理策略》,《系统科学与数学》2017 年第 5 期。

彭耿:《中国基金经理激励机制的现状与发展》,《当代经济管理》2010 年第 2 期。

彭丽娟、马良玉、王晓霞:《基于 PSO-ELM 的热力系统参数预测》,《电力科学与工程》2018 年第 3 期。

祁斌、黄明、陈卓思:《机构投资者与股市波动性》,《金融研究》

2006 年第 9 期。

祁斌、袁克、胡倩等：《我国证券投资基金羊群行为的实证研究》，《证券市场导报》2006 年第 12 期。

屈晶：《我国货币政策对股票市场影响的实证研究》，《经济问题》2015 年第 1 期。

邵晓阳、苏敬勤、于圣睿：《竞价制度下股票价格形成机制研究》，《管理科学》2005 年第 2 期。

申铉松、陈仲悦：《物理摆动与金融共振——评<金融发展是否增加了风险>》，《金融市场研究》2012 年第 1 期。

申宇、赵静梅、何欣：《基金未公开的信息：隐形交易与投资业绩》，《管理世界》2013 年第 8 期。

沈冰、赵小康：《基于支持向量机的内幕交易识别研究》，《财经问题研究》2016 年第 10 期。

盛军锋、邓勇、汤大杰：《中国机构投资者的市场稳定性影响研究》，《金融研究》2008 年第 9 期。

史永东、王谨乐：《中国机构投资者真的稳定市场了吗?》，《经济研究》2014 年第 12 期。

宋冬林、毕子男、沈正阳：《机构投资者与市场波动性关系的研究——基于中国 A 股市场的实证分析》，《经济科学》2007 年第 3 期。

宋力、刘焕婷：《证券市场内幕交易行为识别研究》，《商业经济》2012 年第 3 期。

唐芳：《基金扎堆调研 15 家上市公司华夏基金 4 次造访贝因美》，《证券日报》2013 年 8 月 26 日。

唐齐鸣、张云：《基于公司治理视角的中国股票市场非法内幕交易研究》，《金融研究》2009 年第 6 期。

唐绍祥、蔡玉程、解梁秋：《我国股市的财富效应——基于动态分布滞后模型和状态空间模型的实证检验》，《数量经济技术经济研究》2008 年第 6 期。

陶可、陈国进（2012b）：《机构投资者持股与股市稳定：基于泡沫、崩溃的视角与微观数据的实证研究》，中国金融出版社，2012。

陶可、陈国进（2012a）：《套利者的一致售卖与股市崩溃》，《广东金融学院学报》2012 年第 2 期。

万光彩、陈璋、刘莉：《结构失衡、"潮涌现象"与通胀—通缩逆转》，《数量经济技术经济研究》2009 年第 12 期。

王虎、周耿、陈峥嵘：《股票市场财富效应与消费支出研究》，《证券市场导报》2009 年第 11 期。

王化成、曹丰、叶康涛：《监督还是掏空：大股东持股比例与股价崩盘风险》，《管理世界》2015 年第 2 期。

王健俊、殷林森、叶文靖：《投资者情绪、杠杆资金与股票价格——兼论 2015~2016 年股灾成因》，《金融经济学研究》2017 年第 1 期。

王林、俞乔：《管制、监管与市场发展：基于中国基金业的经验分析》，《管理世界》2013 年第 2 期。

王美今、孙建军：《中国股市收益、收益波动与投资者情绪》，《经济研究》2004 年第 10 期。

王生年、宋媛媛、徐亚飞：《资产误定价影响了企业投资效率吗?》，《金融论坛》2018 年第 2 期。

王曦、邹文理：《货币政策对股票市场的冲击》，《统计研究》2011 年第 12 期。

王咏梅、王亚平：《机构投资者如何影响市场的信息效率——来自中国的经验证据》，《金融研究》2011 年第 10 期。

魏立佳：《机构投资者、股权分置改革与股市波动性——基于 MCMC 估计的 t 分布误差 MS-GARCH 模型》，《系统工程理论与实践》2013 年第 3 期。

吴斌、张永任：《基金投资交易的股价效应研究》，《财贸经济》2010 年第 2 期。

吴井峰：《信息不对称与定向增发价格折扣率——机构投资者与分析师的影响》，《证券市场导报》2015 年第 4 期。

伍志文：《中国股市脆弱性分析：一个新的理论解说》，《财经科学》2002 年第 4 期。

习近平：《习近平谈治国理政》第 2 卷，外文出版社，2017。

习近平：《习近平谈治国理政》第 3 卷，外文出版社，2020。

夏美华：《图书出版业的潮涌现象和图书馆的应对策略》，《图书馆工作与研究》2013 年第 4 期。

谢赤、张太原、禹湘:《证券投资基金投资行为对中国股市波动性影响研究》,《中国社会科学》2008 年第 3 期。

许年行、于上尧、伊志宏:《机构投资者羊群行为与股价崩盘风险》,《管理世界》2013 年第 7 期。

许永斌、陈佳:《基于数据挖掘思想下的中国证券市场内幕信息操纵判别研究》,《经济学家》2009 年第 1 期。

薛文忠、何中伟:《机构投资者对股票市场波动性的影响——基于基金相对规模的实证分析》,《大连海事大学学报》(社科版)2012 年第 3 期。

杨竹清:《境外大股东持股与股价同步性研究》,《产经评论》2014 年第 2 期。

杨竹清、刘少波:《境外股东持股对中国股市风险的影响研究——来自 PSM 方法的经验证据》,《软科学》2013 年第 5 期。

姚颐、刘志远:《基金投资行为的市场检验》,《山西财经大学学报》2007 年第 11 期。

叶康涛、曹丰、王化成:《内部控制信息披露能够降低股价崩盘风险吗?》,《金融研究》2015 年第 2 期。

叶中行、林建忠:《数理金融:资产定价与金融决策理论》,科学出版社,1998。

游家兴、汪立琴:《机构投资者、公司特质信息与股价波动同步性——基于 R^2 的研究视角》,《南方经济》2012 年第 11 期。

于洪鉴、陈艳、陈邑早:《CEO 个人特质与企业投资行为研究:研究视角及未来展望》,《当代经济管理》2018 年第 2 期。

于晓伟:《我国产业投资潮涌现象的研究》,硕士学位论文,华南理工大学,2011。

余沿福:《我国股市急跌现象研究》,博士学位论文,复旦大学,2011。

张成思、姜筱欣、袁江:《资本轮动、行业潮涌与中国通货膨胀形成机制》,《世界经济》2013 年第 2 期。

张晖:《中国新能源产业潮涌现象和产能过剩形成研究》,《现代产业经济》2013年第12期。

张琳琬、吴卫星：《风险态度与居民财富——来自中国微观调查的新探究》，《金融研究》2016年第4期。

张凌梅、徐伟、刘裕荷、孟晓玲：《具有双曲绝对风险厌恶函数类投资者的风险度量》，《西北工业大学学报》2006年第6期。

张倩肖、董瀛飞：《渐进工艺创新、产能建设周期与产能过剩——基于"新熊彼特"演化模型的模拟分析》，《经济学家》2014年第8期。

张庆、朱迪星：《投资者情绪、管理层持股与企业实际投资——来自中国上市公司的经验证据》，《南开管理评论》2014年第4期。

张圣平：《偏好、信念、信息与证券价格》，上海三联书店，2002。

张晓宇、王策、钱乐乐：《股票价格的"涟漪效应"研究——基于公司投资决策的视角》，《财经研究》2017年第12期。

张轩旗：《机构投资者的羊群行为与市场影响——基于CSAD方法的实证研究》，《南方金融》2014年第2期。

张羽：《基金数量5000只规模12万亿元》，《国际金融报》2018年3月26日，第8版。

张宗新：《内幕交易行为预测：理论模型与实证分析》，《管理世界》2008年第4期。

张宗新、潘志坚、季雷：《内幕信息操纵的股价冲击效应：理论与中国股市证据》，《金融研究》2005年第4期。

张宗新、王海亮：《投资者情绪、主观信念调整与市场波动》，《金融研究》2013年第4期。

郑晓亚、刘飞、肖莹：《投资者风险厌恶、有限理性与股票市场阶段性走势》，《现代财经》（天津财经大学学报）2015年第7期。

中国证券投资基金业协会：《中国证券投资基金业年报（2015）》，中国金融出版社，2016。

中国证券投资基金业协会：《中国证券投资基金业年报（2017）》，中国金融出版社，2018。

中国证券投资基金业协会：《中国证券投资基金业年报（2020）》，中国金融出版社，2020。

周学农、彭丹：《机构投资者对中国股市波动性影响的实证研究》，

《系统工程》2007年第12期。

朱爱萍：《公平披露对市场信息不对称的影响：基于流动性、交易者行为和信息泄露的研究》，经济科学出版社，2012。

Abreu, D., Brunnermeier, M. K., "Bubbles and Crashes," *Econometrica* 71 (1) (2003): 173-204.

Admati, A. R., Pfleiderer, P., "A Theory of Intraday Patterns: Volume and Price Variability," *Review of Financial Studies* 1 (1) (1988): 3-40.

Agarwal, V., Daniel, N. D., Naik, N. Y., "Role of Managerial Incentives and Discretion in Hedge Fund Performance," *Journal of Finance* 64 (5) (2009): 2221-2256.

Ajina, A., Lakhal, F., Sougné, D., "Institutional Investors, Information Asymmetry and Stock Market Liquidity in France," *International Journal of Managerial Finance* 11 (1) (2015): 44-59.

An, H., Zhang, T., "Stock Price Synchronicity, Crash Risk, and Institutional Investors," *Journal of Corporate Finance* 21 (1) (2013): 1-15.

Andrei, D., Hasler, M., "Investor Attention and Stock Market Volatility," *Review of Financial Studies* 28 (1) (2014): 33-72.

Antoniou, C., Doukas, J. A., "Cognitive Dissonance, Sentiment, and Momentum," *Journal of Financial & Quantitative Analysis* 48 (1) (2013): 245-275.

Back, K., Cao, C. H., Willard, G. A., "Imperfect Competition among Informed Traders," *Journal of Finance* 55 (5) (2000): 2117-2155.

Bacmann, J., Bolliger, G., "Who Are the Best? Local Versus Foreign Analysts on the Latin American Stock Markets," University of Neuchâtel, Institut de l' Entreprise (Unpublished), 2001, Available under: http://web.thu.edu.tw/changy/www/Bacmann _ who% 20are% 20t he% 20best _ 2001. pdf.

Baker, M., Wurgler, J., "Investor Sentiment and the Cross-Section of Stock Returns," *Journal of Finance* 61 (4) (2006): 1645-1680.

Baker, M., Stein, J.C., Wurgler, J., "When Does the Market Matter? Stock Prices and the Investment of Equity-Dependent Firms," *Quarterly Journal of Economics* 118 (3) (2003): 969-1005.

Baker, M., "Capital Market-Driven Corporate Finance," *Annual Review of Financial Economics* 1 (1) (2009): 181-205.

Barber, B.M., Odean, T., "All That Glitters: The Effect of Attention and News on the Buying Behavior of Individual and Institutional Investors," *Review of Financial Studies* 21 (2) (2008): 785-818.

Barclay, M.J., Litzenberger, R.H., Warner, J.B., "Private Information, Trading Volume, and Stock-Return Variances," *Review of Financial Studies* 3 (2) (1990): 233-253.

Barclay, M.J., Warner, J.B., "Stealth Trading and Volatility: Which Trades Move Prices?" *Journal of Financial Economics* 34 (3) (1993): 281-305.

Barker, V.L., Mueller, G.C., "CEO Characteristics and Firm R&D Spending," *Management Science* 48 (6) (2002): 782-801.

Barth, J.R., Caprio, G., Levine, R., *Guardians of Finance: Making Regulators Work for Us* (Cambridge: MIT Press, 2012).

Bikhchandani, S., Hirshleifer, D., Welch, I., "A Theory of Fads, Fashion, Custom, and Cultural Change as Informational Cascades," *Journal of Political Economy* 100 (5) (1992): 992-1026.

Bikhchandani, S., Sharma, S., "Herd Behavior in Financial Markets," *IMF Staff Papers* 47 (3) (2000): 279-310.

Blake, D., Sarno, L., Zinna, G., "The Market for Lemmings: The Herding Behavior of Pension Funds," *Journal of Financial Markets* 36 (2017): 17-39.

Bloom, H.S., "Modern Regression Discontinuity Analysis," *Journal of Research on Educational Effectiveness* 5 (1) (2012): 43-82.

Bohl, M.T., Brzeszczyński, J., Wilfling, B., "Institutional Investors and Stock Returns Volatility: Empirical Evidence from a Natural Experiment," *Journal of Financial Stability* 5 (2) (2009): 170-182.

Bollerslev, T. , "Generalized Autoregressive Conditional Heteroskedasticity," *Journal of Econometrics* 31 (3) (1986): 307-327.

Bond, P. , Edmans, A. , Goldstein, I. , " The Real Effects of Financial Markets," *Annual Review of Financial Economics* 4 (1) (2012): 339-360.

Borghesi, R. , "Liquidity, Overpricing, and the Tactics of Informed Traders," *Journal of Economics & Finance* 41 (4) (2017): 701-713.

Busse, M. , Hefeker, C. , " Political Risk, Institutions and Foreign Direct Investment," *European Journal of Political Economy* 23 (2) (2007): 397-415.

Campbell, J. Y. , Grossman, S. J. , Wang. J. , "Trading Volume and Serial Correlation in Stock Returns," *Quarterly Journal of Economics* 108 (4) (1993): 905-939.

Cao, C. , Petrasek, L. , "Liquidity Risk and Institutional Ownership," *Journal of Financial Markets* 21 (C) (2014): 76-97.

Carter, J. R. , Irons, M. D. , "Are Economists Different, and If So, Why?" *Journal of Economic Perspectives* 5 (2) (1991): 171-177.

Cass, D. , Stiglitz, J. E. , " The Structure of Investor Preferences and Asset Returns, and Separability in Portfolio Allocation: A Contribution to the Pure Theory of Mutual Funds," *Journal of Economic Theory* 2 (2) (1970): 122-160.

Cella, C. , Ellul, A. , Giannetti, M. , "Investors' Horizons and the Amplification of Market Shocks," *Review of Financial Studies* 26 (7) (2013): 1607-1648.

Chakravarty, S. , "Stealth-Trading: Which Traders' Trades Move Stock Prices?" *Journal of Financial Economics* 61 (2) (2001): 289-307.

Chan, L. K. C. , Lakonishok, J. , " Institutional Trades and Intraday Stock Price Behavior," *Journal of Financial Economics* 33 (2) (1993): 173-199.

Chaney, P. K. , Lewis, C. M. , " Earnings Management and Firm Valuation under Asymmetric Information," *Journal of Corporate Finance* 1

(3-4)（1995）：319-345.

Chang, X. , Tam, L. , Tan, T. J. , et al. , "The Real Impact of Stock Market Mispricing-Evidence from Australia," *Pacific-Basin Finance Journal* 15 (4)（2007）：388-408.

Chen, J. , Hong, H. , Stein, J. C. , "Breadth of Ownership and Stock Returns," *Journal of Financial Economics* 66 (2-3)（2002）：171-205.

Chen, Z. , Du, J. , Li, D. , et al. , "Does Foreign Institutional Ownership Increase Return Volatility? Evidence from China," *Journal of Banking & Finance* 37 (2)（2013）：660-669.

Chiyachantana, C. N. , Jiang, C. X. , Taechapiroontong, N. , et al. , "The Impact of Regulation Fair Disclosure on Information Asymmetry and Trading: An Intraday Analysis," *Financial Review* 39 (4)（2004）：549-577.

Cho, S. , "Evidence of a Stock Market Wealth Effect Using Household Level Data," *Economics Letters* 90 (3)（2006）：402-406.

Cipriani, M. , Guarino, A. , "Herd Behavior in Financial Markets: An Experiment with Financial Market Professionals," *Journal of the European Economic Association* 7 (1)（2009）：206-233.

Coase, R. H. , "The Nature of the Firm," *Economica* 4 (16)（1937）：386-405.

Cohen, L. , Frazzini, A. , Malloy, C. , "Sell-Side School Ties," *Journal of Finance* 65 (4)（2010）：1409-1437.

Cohen, R. B. , Gompers, P. A. , Vuolteenaho, T. , "Who Underreacts to Cash-Flow News? Evidence from Trading between Individuals and Institutions," *Journal of Financial Economics* 66 (2)（2002）：409-462.

Dasgupta, A. , Prat, A. , Verardo, M. , "The Price Impact of Institutional Herding," *Review of Financial Studies* 24 (3)（2011）：892-925.

Dennis, P. J. , Strickland, D. , "Who Blinks in Volatile Markets, Individuals or Institutions?" *Journal of Finance* 66 (2-3)（2002）：1923-1949.

Ding, R. , Hou, W. , "Retail Investor Attention and Stock Liquidity," *Journal of International Financial Markets Institutions & Money* 37 (2015)：12-26.

Durnev, A., Morck, R., Yeung, B., "Value-Enhancing Capital Budgeting and Firm-Specific Stock Return Variation," *Journal of Finance* 59 (1) (2004): 65-105.

Ferreira, M. A., Matos, P., "The Colors of Investors' Money: The Role of Institutional Investors around the World," *Journal of Financial Economics* 88 (3) (2008): 499-533.

Foster, F. D., Viswanathan, S., "Variations in Trading Volume, Return Volatility, and Trading Costs: Evidence on Recent Price Formation Models," *Journal of Finance* 48 (1) (2012): 187-211.

Froot, K. A., Scharfstein, D. S., Stein, J. C., "Herd on the Street: Informational Inefficiencies in a Market with Short-Term Speculation," *Journal of Finance* 47 (4) (1992): 1461-1484.

Gao, M., Huang, J., "Capitalizing on Capitol Hill: Informed Trading by Hedge Fund Managers," *Journal of Financial Economics* 121 (3) (2016): 521-545.

Gompers, P. A., Metrick, A., "Institutional Investors and Equity Prices," *Quarterly Journal of Economics* 116 (1) (2001): 229-259.

Han, A., Chung, C. Y., "Are Individual Investors Less Informed than Institutional Investors? Unique Evidence from Investor Trading Behaviours around Bad Mergers in Korean Financial Market," *Applied Economics Letters* 20 (12) (2013): 1145-1149.

Han, L., Zheng, Q., Li, L., et al., "Do Foreign Institutional Investors Stabilize the Capital Market?" *Economics Letters* 136 (2015): 73-75.

He, H., Wang, J., "Differential Information and Dynamic Behavior of Stock Trading Volume," *Review of Financial Studies* 8 (4) (1995): 919-972.

Heckman, J. J., Ichimura, H., Todd, P. E., "Matching as an Econometric Evaluation Estimator: Evidence from Evaluating a Job Training Programme," *Review of Financial Studies* 64 (4) (1997): 605-654.

Hong, H., Stein, J. C., "A Unified Theory of Underreaction,

Momentum Trading, and Overreaction in Asset Markets," *Journal of Finance* 54 (6) (1999): 2143-2184.

Hsieh, S. F. , "Individual and Institutional Herding and the Impact on Stock Returns: Evidence from Taiwan Stock Marke," *International Review of Financial Analysis* 29 (3) (2013): 175-188.

Hu, C. , Wang, Y. , "Investor Sentiment and Assets Valuation," *Systems Engineering Procedia* 3 (2012): 166-171.

Huang, G. B. , Zhu, Q. Y. , Siew, C. K. , "Extreme Learning Machine: Theory and Applications," *Neurocomputing* 70 (1) (2006): 489-501.

Hung, P. H. , "Investor Sentiment, Order Submission, and Investment Performance on the Taiwan Stock Exchange," *Pacific-Basin Finance Journal* 39 (2016): 124-140.

Imbens, G. , Kalyanaraman, K. , "Optimal Bandwidth Choice for the Regression Discontinuity Estimator," *Review of Economic Studies* 79 (3) (2012): 933-959.

Kahneman, D. , *Attention and Effort* (Englewood Cliffs, NJ: Prentice: Hall, 1973) .

Kaniel, R. , Saar, G. , Titman, S. , "Individual Investor Trading and Stock Returns," *Journal of Finance* 63 (1) (2008): 273-310.

Kumari, J. , Mahakud, J. , "Does Investor Sentiment Predict the Asset Volatility? Evidence from Emerging Stock Market India," *Journal of Behavioral & Experimental Finance* 8 (2015): 25-39.

Kyle, A. S. , "Continuous Auctions and Insider Trading," *Econometrica* 7 (1) (1985): 1315-1335.

Lakonishok, J. , Shleifer, A. , Vishny, R. W. , "The Impact of Institutional Trading on Stock Prices," *Journal of Financial Economics* 32 (1) (1991): 23-43.

Le Bon, D. G. , *La Psychologie Des Foules* (Paris: Presses Universitaires De France, 1963) .

Lee, D. S. , Lemieux, T. , "Regression Discontinuity Designs in

Economics," *Journal of Economic Literature* 48 (2) (2010): 281-355.

Leland, H. E., "Insider Trading: Should It Be Prohibited?" *Journal of Political Economy* 100 (4) (1990): 859-887.

Li, W., Rhee, G., Wang, S. S., " Differences in Herding: Individual vs. Institutional Investors," *Pacific-Basin Finance Journal* 45 (2016): 174-185.

Liao, L. C., Chou, R. Y., Chiu, B., "Anchoring Effect on Foreign Institutional Investors' Momentum Trading Behavior: Evidence from the Taiwan Stock Market," *North American Journal of Economics & Finance* 26 (C) (2013): 72-91.

Lipson, M., Puckett, A., "Volatile Markets and Institutional Trading," Unpublished Working Paper, 2006, Available under: https://pdfs. semanticscholar. org/6304/8706078765bd666b07 c989607b1b171b1f35. pdf.

Long, J. B. D., Shleifer, A., Summers, L. H., et al., " Noise Trader Risk in Financial Markets," *Journal of Political Economy* 98 (4) (1990): 703-738.

Menkhoff, L., Schmeling, M., "Whose Trades Convey Information? Evidence from a Cross-Section of Traders," *Journal of Financial Markets*13 (1) (2010): 101-128.

Ormos, M., Timotity, D., "Market Microstructure During Financial Crisis: Dynamics of Informed and Heuristic-Driven Trading," *Finance Research Letters* 19 (2016): 60-66.

Polk, C., Sapienza, P., " The Stock Market and Corporate Investment: A Test of Catering Theory," *Review of Financial Studies* 22 (1) (2009): 187-217.

Poon, S. H., Rockinger, M., Stathopoulos, K., "Market Liquidity and Institutional Trading during the 2007 - 8 Financial Crisis," *International Review of Financial Analysis* 30 (4) (2013): 86-97.

Porta, R. L., Shleifer, A., "Corporate Ownership around the World," *Journal of Finance* 54 (2) (1999): 471-517.

Rajan, R. G., " Has Finance Made the World Riskier?" *European*

Financial Management 12 (4) (2006): 499-533.

Ruan, X., Zhang, J. E., "Investor Attention and Market Microstructure," *Economics Letters* 149 (2016): 125-130.

Scharfstein, D. S., Stein, J. C., "Herd Behavior and Investment," *American Economic Review* 80 (3) (1990): 465-479.

Sias, R. W., "Volatility and the Institutional Investor," *Financial Analysts Journal* 52 (2) (1996): 13-20.

Sias, R. W., Starks, L. T., Titman, S., "Changes in Institutional Ownership and Stock Returns: Assessment and Methodology," *Journal of Business* 79 (6) (2006): 2869-2910.

Sias, R., Starks, L., Titman, S., "The Price Impact of Institutional Trading," 2001, Available under: https://papers.ssrn.com/sol3/papers.cfm?abstract_id=283779.

Smith, D. M., Na, W., Ying, W., et al., "Sentiment and the Effectiveness of Technical Analysis: Evidence from the Hedge Fund Industry," *Journal of Financial & Quantitative Analysis* 51 (6) (2014): 1991-2013.

Smith, V. L., Suchanek, G. L., Williams, A. W., "Bubbles, Crashes, and Endogenous Expectations in Experimental Spot Asset Market," *Econometrica* 56 (5) (1988): 1119-1151.

Sornette, D., "Critical Market Crashes," *Physics Reports* 378 (1) (2003): 1-98.

Sornette, D., "Physics and Financial Economics (1776 - 2014): Puzzles, Ising and Agent-Based Models.," *Reports on Progress in Physics Physical Society* 77 (6) (2014): 62001.

Stein, J. C., "Rational Capital Budgeting in an Irrational World," National Bureau of Economic Research, 1996: 5496.

Summers, S. L., Sweeney, J. T., "Fraudulently Misstated Financial Statements and Insider Trading: An Empirical Analysis," *Accounting Review* 73 (1) (1998): 131-146.

Tobin, J., "A General Equilibrium Approach to Monetary Theory,"

Journal of Money, Credit and Banking 1 (1) (1969): 15-29.

Tseng, T., Lai, H., "The Role of Institutional Investors in Market Volatility during the Subprime Mortgage Crisis," *Applied Financial Economics* 24 (23) (2014): 1529-1536.

Umutlu, M., Akdeniz, L., Altay-Salih, A., " The Degree of Financial Liberalization and Aggregated Stock-Return Volatility in Emerging Markets," *Journal of Banking & Finance* 34 (3) (2010): 509-521.

Verma, R., Soydemir, G., " The Impact of U. S. Individual and Institutional Investor Sentiment on Foreign Stock Markets," *Journal of Behavioral Finance* 7 (3) (2006): 128-144.

Warusawitharana, M., Whited, T. M., "Equity Market Misvaluation, Financing, and Investment," *Review of Financial Studies* 29 (3) (2015): 603-654.

Wermers, R., "Mutual Fund Herding and the Impact on Stock Prices," *Journal of Finance* 54 (2) (1999): 581-622.

Xuan, V. V., "Does Institutional Ownership Increase Stock Return Volatility? Evidence from Vietnam," *International Review of Financial Analysis* 45 (2016): 54-61.

Yang, C., Zhou, L., "Investor Trading Behavior, Investor Sentiment and Asset Prices," *North American Journal of Economics & Finance* 34 (2015): 42-62.

Zahra, S. A., Neubaum, D. O., Huse, M., " Entrepreneurship in Medium-Size Companies: Exploring the Effects of Ownership and Governance Systems," *Journal of Management* 26 (5) (2000): 947-976.

Zhi, D., Engelberg, J., Gao, P., "In Search of Attention," *Journal of Finance* 66 (5) (2011): 1461-1499.

Zhu, H., Deng, C., Yue, S., et al., "Optimal Reinsurance and Investment Problem for an Insurer with Counterparty Risk," *Insurance Mathematics & Economics* 61 (2015): 242-254.

附录

中华人民共和国证券投资基金法

（2015 年 4 月 24 日 中华人民共和国主席令第 23 号）

（2003 年 10 月 28 日第十届全国人民代表大会常务委员会第五次会议通过；2012 年 12 月 28 日第十一届全国人民代表大会常务委员会第三十次会议修订；中华人民共和国主席令第七十一号公布；自 2013 年 6 月 1 日起施行。根据 2015 年 4 月 24 日第十二届全国人民代表大会常务委员会第十四次会议《全国人民代表大会常务委员会关于修改〈中华人民共和国港口法〉等七部法律的决定》修正）

第一章 总则

第一条 为了规范证券投资基金活动，保护投资人及相关当事人的合法权益，促进证券投资基金和资本市场的健康发展，制定本法。

第二条 在中华人民共和国境内，公开或者非公开募集资金设立证券投资基金（以下简称基金），由基金管理人管理，基金托管人托管，为基金份额持有人的利益，进行证券投资活动，适用本法；本法未规定的，适用《中华人民共和国信托法》、《中华人民共和国证券法》和其他有关法律、行政法规的规定。

第三条 基金管理人、基金托管人和基金份额持有人的权利、义务，依照本法在基金合同中约定。

基金管理人、基金托管人依照本法和基金合同的约定，履行受托职责。

通过公开募集方式设立的基金（以下简称公开募集基金）的基金份额持有人按其所持基金份额享受收益和承担风险，通过非公开募集方式设立的基金（以下简称非公开募集基金）的收益分配和风险承担由基金合同约定。

第四条　从事证券投资基金活动，应当遵循自愿、公平、诚实信用的原则，不得损害国家利益和社会公共利益。

第五条　基金财产的债务由基金财产本身承担，基金份额持有人以其出资为限对基金财产的债务承担责任。但基金合同依照本法另有约定的，从其约定。

基金财产独立于基金管理人、基金托管人的固有财产。基金管理人、基金托管人不得将基金财产归入其固有财产。

基金管理人、基金托管人因基金财产的管理、运用或者其他情形而取得的财产和收益，归入基金财产。

基金管理人、基金托管人因依法解散、被依法撤销或者被依法宣告破产等原因进行清算的，基金财产不属于其清算财产。

第六条　基金财产的债权，不得与基金管理人、基金托管人固有财产的债务相抵销；不同基金财产的债权债务，不得相互抵销。

第七条　非因基金财产本身承担的债务，不得对基金财产强制执行。

第八条　基金财产投资的相关税收，由基金份额持有人承担，基金管理人或者其他扣缴义务人按照国家有关税收征收的规定代扣代缴。

第九条　基金管理人、基金托管人管理、运用基金财产，基金服务机构从事基金服务活动，应当恪尽职守，履行诚实信用、谨慎勤勉的义务。

基金管理人运用基金财产进行证券投资，应当遵守审慎经营规则，制定科学合理的投资策略和风险管理制度，有效防范和控制风险。

基金从业人员应当具备基金从业资格，遵守法律、行政法规，恪守职业道德和行为规范。

第十条　基金管理人、基金托管人和基金服务机构，应当依照本法成立证券投资基金行业协会（以下简称基金行业协会），进行行业自律，协调行业关系，提供行业服务，促进行业发展。

第十一条　国务院证券监督管理机构依法对证券投资基金活动实施监督管理；其派出机构依照授权履行职责。

第二章　基金管理人

第十二条　基金管理人由依法设立的公司或者合伙企业担任。

公开募集基金的基金管理人，由基金管理公司或者经国务院证券监督管理机构按照规定核准的其他机构担任。

第十三条　设立管理公开募集基金的基金管理公司，应当具备下列条件，并经国务院证券监督管理机构批准：

（一）有符合本法和《中华人民共和国公司法》规定的章程；

（二）注册资本不低于一亿元人民币，且必须为实缴货币资本；

（三）主要股东应当具有经营金融业务或者管理金融机构的良好业绩、良好的财务状况和社会信誉，资产规模达到国务院规定的标准，最近三年没有违法记录；

（四）取得基金从业资格的人员达到法定人数；

（五）董事、监事、高级管理人员具备相应的任职条件；

（六）有符合要求的营业场所、安全防范设施和与基金管理业务有关的其他设施；

（七）有良好的内部治理结构、完善的内部稽核监控制度、风险控制制度；

（八）法律、行政法规规定的和经国务院批准的国务院证券监督管理机构规定的其他条件。

第十四条　国务院证券监督管理机构应当自受理基金管理公司设立申请之日起六个月内依照本法第十三条规定的条件和审慎监管原则进行审查，作出批准或者不予批准的决定，并通知申请人；不予批准的，应当说明理由。

基金管理公司变更持有百分之五以上股权的股东，变更公司的实际控制人，或者变更其他重大事项，应当报经国务院证券监督管理机构批准。国务院证券监督管理机构应当自受理申请之日起六十日内作出批准或者不予批准的决定，并通知申请人；不予批准的，应当说明理由。

第十五条　有下列情形之一的，不得担任公开募集基金的基金管理人的董事、监事、高级管理人员和其他从业人员：

（一）因犯有贪污贿赂、渎职、侵犯财产罪或者破坏社会主义市场经济秩序罪，被判处刑罚的；

（二）对所任职的公司、企业因经营不善破产清算或者因违法被吊销营业执照负有个人责任的董事、监事、厂长、高级管理人员，自该公司、企业破产清算终结或者被吊销营业执照之日起未逾五年的；

（三）个人所负债务数额较大，到期未清偿的；

（四）因违法行为被开除的基金管理人、基金托管人、证券交易所、证券公司、证券登记结算机构、期货交易所、期货公司及其他机构的从业人员和国家机关工作人员；

（五）因违法行为被吊销执业证书或者被取消资格的律师、注册会计师和资产评估机构、验证机构的从业人员、投资咨询从业人员；

（六）法律、行政法规规定不得从事基金业务的其他人员。

第十六条 公开募集基金的基金管理人的董事、监事和高级管理人员，应当熟悉证券投资方面的法律、行政法规，具有三年以上与其所任职务相关的工作经历；高级管理人员还应当具备基金从业资格。

第十七条①公开募集基金的基金管理人的董事、监事、高级管理人员和其他从业人员，其本人、配偶、利害关系人进行证券投资，应当事先向基金管理人申报，并不得与基金份额持有人发生利益冲突。

公开募集基金的基金管理人应当建立前款规定人员进行证券投资的申报、登记、审查、处置等管理制度，并报国务院证券监督管理机构备案。

第十八条 公开募集基金的基金管理人的董事、监事、高级管理人员和其他从业人员，不得担任基金托管人或者其他基金管理人的任何职务，不得从事损害基金财产和基金份额持有人利益的证券交易及其他活动。

第十九条 公开募集基金的基金管理人应当履行下列职责：

（一）依法募集资金，办理基金份额的发售和登记事宜；

（二）办理基金备案手续；

（三）对所管理的不同基金财产分别管理、分别记账，进行证券投资；

（四）按照基金合同的约定确定基金收益分配方案，及时向基金份额持有人分配收益；

（五）进行基金会计核算并编制基金财务会计报告；

（六）编制中期和年度基金报告；

（七）计算并公告基金资产净值，确定基金份额申购、赎回价格；

（八）办理与基金财产管理业务活动有关的信息披露事项；

（九）按照规定召集基金份额持有人大会；

（十）保存基金财产管理业务活动的记录、账册、报表和其他相关资料；

（十一）以基金管理人名义，代表基金份额持有人利益行使诉讼权利或者实施其他法律行为；

（十二）国务院证券监督管理机构规定的其他职责。

第二十条 公开募集基金的基金管理人及其董事、监事、高级管理人员和其他从业人员不得有下列行为：

（一）将其固有财产或者他人财产混同于基金财产从事证券投资；

（二）不公平地对待其管理的不同基金财产；

（三）利用基金财产或者职务之便为基金份额持有人以外的人牟取利益；

（四）向基金份额持有人违规承诺收益或者承担损失；

（五）侵占、挪用基金财产；

（六）泄露因职务便利获取的未公开信息、利用该信息从事或者明示、暗示他人从事相关的交易活动；

（七）玩忽职守，不按照规定履行职责；

（八）法律、行政法规和国务院证券监督管理机构规定禁止的其他行为。

第二十一条 公开募集基金的基金管理人应当建立良好的内部治理结构，明确股东会、董事会、监事会和高级管理人员的职责权限，确保基金管理人独立运作。

公开募集基金的基金管理人可以实行专业人士持股计划，建立长效激励约束机制。

公开募集基金的基金管理人的股东、董事、监事和高级管理人员在行使权利或者履行职责时，应当遵循基金份额持有人利益优先的原则。

第二十二条 公开募集基金的基金管理人应当从管理基金的报酬中计提风险准备金。

公开募集基金的基金管理人因违法违规、违反基金合同等原因给基金财产或者基金份额持有人合法权益造成损失，应当承担赔偿责任的，可以优先使用风险准备金予以赔偿。

第二十三条 公开募集基金的基金管理人的股东、实际控制人应当按照国务院证券监督管理机构的规定及时履行重大事项报告义务，并不得有下列行为：

（一）虚假出资或者抽逃出资；

（二）未依法经股东会或者董事会决议擅自干预基金管理人的基金经营活动；

（三）要求基金管理人利用基金财产为自己或者他人牟取利益，损害基金份额持有人利益；

（四）国务院证券监督管理机构规定禁止的其他行为。

公开募集基金的基金管理人的股东、实际控制人有前款行为或者股东不再符合法定条件的，国务院证券监督管理机构应当责令其限期改正，并可视情节责令其转让所持有或者控制的基金管理人的股权。

在前款规定的股东、实际控制人按照要求改正违法行为、转让所持有或者控制的基金管理人的股权前，国务院证券监督管理机构可以限制有关股东行使股东权利。

第二十四条　公开募集基金的基金管理人违法违规，或者其内部治理结构、稽核监控和风险控制管理不符合规定的，国务院证券监督管理机构应当责令其限期改正；逾期未改正，或者其行为严重危及该基金管理人的稳健运行、损害基金份额持有人合法权益的，国务院证券监督管理机构可以区别情形，对其采取下列措施：

（一）限制业务活动，责令暂停部分或者全部业务；

（二）限制分配红利，限制向董事、监事、高级管理人员支付报酬、提供福利；

（三）限制转让固有财产或者在固有财产上设定其他权利；

（四）责令更换董事、监事、高级管理人员或者限制其权利；

（五）责令有关股东转让股权或者限制有关股东行使股东权利。

公开募集基金的基金管理人整改后，应当向国务院证券监督管理机构提交报告。国务院证券监督管理机构经验收，符合有关要求的，应当自验收完毕之日起三日内解除对其采取的有关措施。

第二十五条　公开募集基金的基金管理人的董事、监事、高级管理人员未能勤勉尽责，致使基金管理人存在重大违法违规行为或者重大风险的，国务院证券监督管理机构可以责令更换。

第二十六条　公开募集基金的基金管理人违法经营或者出现重大风险，严重危害证券市场秩序、损害基金份额持有人利益的，国务院证券监督管理机构可以对该基金管理人采取责令停业整顿、指定其他机构托管、接管、取消基金管理资格或者撤销等监管措施。

第二十七条　在公开募集基金的基金管理人被责令停业整顿、被依法指定托管、接管或者清算期间，或者出现重大风险时，经国务院证券监督管理机构批准，可以对该基金管理人直接负责的董事、监事、高级管理人员和其他直接责任人员采取下列措施：

（一）通知出境管理机关依法阻止其出境；

（二）申请司法机关禁止其转移、转让或者以其他方式处分财产，或者在财产上设定其他权利。

第二十八条　有下列情形之一的，公开募集基金的基金管理人职责终止：

（一）被依法取消基金管理资格；

（二）被基金份额持有人大会解任；

（三）依法解散、被依法撤销或者被依法宣告破产；

（四）基金合同约定的其他情形。

第二十九条　公开募集基金的基金管理人职责终止的，基金份额持有人大会应当在六个月内选任新基金管理人；新基金管理人产生前，由国务院证券监督管理机构指定临时基金管理人。

公开募集基金的基金管理人职责终止的，应当妥善保管基金管理业务资料，及时办理基金管理业务的移交手续，新基金管理人或者临时基金管理人应当及时接收。

第三十条　公开募集基金的基金管理人职责终止的，应当按照规定聘请会计师事务所对基金财产进行审计，并将审计结果予以公告，同时报国务院证券监督管理机构备案。

第三十一条　对非公开募集基金的基金管理人进行规范的具体办法，由国务院金融监督管理机构依照本章的原则制定。

第三章　基金托管人

第三十二条　基金托管人由依法设立的商业银行或者其他金融机构担任。

商业银行担任基金托管人的，由国务院证券监督管理机构会同国务院银行业监督管理机构核准；其他金融机构担任基金托管人的，由国务院证券监督管理机构核准。

第三十三条　担任基金托管人，应当具备下列条件：

（一）净资产和风险控制指标符合有关规定；

（二）设有专门的基金托管部门；

（三）取得基金从业资格的专职人员达到法定人数；

（四）有安全保管基金财产的条件；

（五）有安全高效的清算、交割系统；

（六）有符合要求的营业场所、安全防范设施和与基金托管业务有关的其他设施；

（七）有完善的内部稽核监控制度和风险控制制度；

（八）法律、行政法规规定的和经国务院批准的国务院证券监督管理机构、国务院银行业监督管理机构规定的其他条件。

第三十四条　本法第十五条、第十七条、第十八条的规定，适用于基金托管人的专门基金托管部门的高级管理人员和其他从业人员。

本法第十六条的规定，适用于基金托管人的专门基金托管部门的高级管理人员。

第三十五条　基金托管人与基金管理人不得为同一机构，不得相互出资或者持有股份。

第三十六条　基金托管人应当履行下列职责：

（一）安全保管基金财产；

（二）按照规定开设基金财产的资金账户和证券账户；

（三）对所托管的不同基金财产分别设置账户，确保基金财产的完整与独立；

（四）保存基金托管业务活动的记录、账册、报表和其他相关资料；

（五）按照基金合同的约定，根据基金管理人的投资指令，及时办理清算、交割事宜；

（六）办理与基金托管业务活动有关的信息披露事项；

（七）对基金财务会计报告、中期和年度基金报告出具意见；

（八）复核、审查基金管理人计算的基金资产净值和基金份额申购、赎回价格；

（九）按照规定召集基金份额持有人大会；

（十）按照规定监督基金管理人的投资运作；

（十一）国务院证券监督管理机构规定的其他职责。

第三十七条　基金托管人发现基金管理人的投资指令违反法律、行政法规和其他有关规定，或者违反基金合同约定的，应当拒绝执行，立即通知基金管理人，并及时向国务院证券监督管理机构报告。

基金托管人发现基金管理人依据交易程序已经生效的投资指令违反法律、行政法规和其他有关规定，或者违反基金合同约定的，应当立即通知基金管理人，并及时向国务院证券监督管理机构报告。

第三十八条　本法第二十条、第二十二条的规定，适用于基金托管人。

第三十九条　基金托管人不再具备本法规定的条件，或者未能勤勉尽责，在履行本法规定的职责时存在重大失误的，国务院证券监督管理机构、国务院银行业监督管理机构应当责令其改正；逾期未改正，或者其行为严重影响所托管基金的稳健运行、损害基金份额持有人利益的，国务院证券监督管理机构、国务院银行业监督管理机构可以区别情形，对其采取下列措施：

（一）限制业务活动，责令暂停办理新的基金托管业务；

（二）责令更换负有责任的专门基金托管部门的高级管理人员。

基金托管人整改后，应当向国务院证券监督管理机构、国务院银行业监督管理机构提交报告；经验收，符合有关要求的，应当自验收完毕之日起三日内解除对其采取的有关措施。

第四十条　国务院证券监督管理机构、国务院银行业监督管理机构对有下列情形之一的基金托管人，可以取消其基金托管资格：

（一）连续三年没有开展基金托管业务的；

（二）违反本法规定，情节严重的；

（三）法律、行政法规规定的其他情形。

第四十一条　有下列情形之一的，基金托管人职责终止：

（一）被依法取消基金托管资格；

（二）被基金份额持有人大会解任；

（三）依法解散、被依法撤销或者被依法宣告破产；

（四）基金合同约定的其他情形。

第四十二条　基金托管人职责终止的，基金份额持有人大会应当在六个月内选任新基金托管人；新基金托管人产生前，由国务院证券监督管理机构指定临时基金托管人。

基金托管人职责终止的，应当妥善保管基金财产和基金托管业务资料，及时办理基金财产和基金托管业务的移交手续，新基金托管人或者临时基金托管人应当及时接收。

第四十三条　基金托管人职责终止的，应当按照规定聘请会计师事务所对基金财产进行审计，并将审计结果予以公告，同时报国务院证券监督管理机构备案。

第四章　基金的运作方式和组织

第四十四条　基金合同应当约定基金的运作方式。

第四十五条　基金的运作方式可以采用封闭式、开放式或者其他方式。

采用封闭式运作方式的基金（以下简称封闭式基金），是指基金份额总额在基金合同期限内固定不变，基金份额持有人不得申请赎回的基金；采用开放式运作方式的基金（以下简称开放式基金），是指基金份额总额不固定，基金份额可以在基金合同约定的时间和场所申购或者赎回的基金。

采用其他运作方式的基金的基金份额发售、交易、申购、赎回的办法，由国务院证券监督管理机构另行规定。

第四十六条　基金份额持有人享有下列权利：

（一）分享基金财产收益；

（二）参与分配清算后的剩余基金财产；

（三）依法转让或者申请赎回其持有的基金份额；

（四）按照规定要求召开基金份额持有人大会或者召集基金份额持有人大会；

（五）对基金份额持有人大会审议事项行使表决权；

（六）对基金管理人、基金托管人、基金服务机构损害其合法权益的行为依法提起诉讼；

（七）基金合同约定的其他权利。

公开募集基金的基金份额持有人有权查阅或者复制公开披露的基金信息资料；非公开募集基金的基金份额持有人对涉及自身利益的情况，有权查阅基金的财务会计账簿等财务资料。

第四十七条 基金份额持有人大会由全体基金份额持有人组成，行使下列职权：

（一）决定基金扩募或者延长基金合同期限；

（二）决定修改基金合同的重要内容或者提前终止基金合同；

（三）决定更换基金管理人、基金托管人；

（四）决定调整基金管理人、基金托管人的报酬标准；

（五）基金合同约定的其他职权。

第四十八条 按照基金合同约定，基金份额持有人大会可以设立日常机构，行使下列职权：

（一）召集基金份额持有人大会；

（二）提请更换基金管理人、基金托管人；

（三）监督基金管理人的投资运作、基金托管人的托管活动；

（四）提请调整基金管理人、基金托管人的报酬标准；

（五）基金合同约定的其他职权。

前款规定的日常机构，由基金份额持有人大会选举产生的人员组成；其议事规则，由基金合同约定。

第四十九条 基金份额持有人大会及其日常机构不得直接参与或者干涉基金的投资管理活动。

第五章 基金的公开募集

第五十条 公开募集基金，应当经国务院证券监督管理机构注册。未经注册，不得公开或者变相公开募集基金。

前款所称公开募集基金，包括向不特定对象募集资金、向特定对象募集资金累计超过二百人，以及法律、行政法规规定的其他情形。

公开募集基金应当由基金管理人管理，基金托管人托管。

第五十一条 注册公开募集基金，由拟任基金管理人向国务院证券监督管理机构提交下列文件：

（一）申请报告；

（二）基金合同草案；

（三）基金托管协议草案；

（四）招募说明书草案；

（五）律师事务所出具的法律意见书；

（六）国务院证券监督管理机构规定提交的其他文件。

第五十二条　公开募集基金的基金合同应当包括下列内容：

（一）募集基金的目的和基金名称；

（二）基金管理人、基金托管人的名称和住所；

（三）基金的运作方式；

（四）封闭式基金的基金份额总额和基金合同期限，或者开放式基金的最低募集份额总额；

（五）确定基金份额发售日期、价格和费用的原则；

（六）基金份额持有人、基金管理人和基金托管人的权利、义务；

（七）基金份额持有人大会召集、议事及表决的程序和规则；

（八）基金份额发售、交易、申购、赎回的程序、时间、地点、费用计算方式，以及给付赎回款项的时间和方式；

（九）基金收益分配原则、执行方式；

（十）基金管理人、基金托管人报酬的提取、支付方式与比例；

（十一）与基金财产管理、运用有关的其他费用的提取、支付方式；

（十二）基金财产的投资方向和投资限制；

（十三）基金资产净值的计算方法和公告方式；

（十四）基金募集未达到法定要求的处理方式；

（十五）基金合同解除和终止的事由、程序以及基金财产清算方式；

（十六）争议解决方式；

（十七）当事人约定的其他事项。

第五十三条　公开募集基金的基金招募说明书应当包括下列内容：

（一）基金募集申请的准予注册文件名称和注册日期；

（二）基金管理人、基金托管人的基本情况；

（三）基金合同和基金托管协议的内容摘要；

（四）基金份额的发售日期、价格、费用和期限；

（五）基金份额的发售方式、发售机构及登记机构名称；

（六）出具法律意见书的律师事务所和审计基金财产的会计师事务所的名称和住所；

（七）基金管理人、基金托管人报酬及其他有关费用的提取、支付方式与比例；

（八）风险警示内容；

（九）国务院证券监督管理机构规定的其他内容。

第五十四条　国务院证券监督管理机构应当自受理公开募集基金的募集注册申请之日起六个月内依照法律、行政法规及国务院证券监督管理机构的规定进行审查，作出注册或者不予注册的决定，并通知申请人；不予注册的，应当说明理由。

第五十五条　基金募集申请经注册后，方可发售基金份额。

基金份额的发售，由基金管理人或者其委托的基金销售机构办理。

第五十六条　基金管理人应当在基金份额发售的三日前公布招募说明书、基金合同及其他有关文件。

前款规定的文件应当真实、准确、完整。

对基金募集所进行的宣传推介活动，应当符合有关法律、行政法规的规定，不得有本法第七十七条所列行为。

第五十七条　基金管理人应当自收到准予注册文件之日起六个月内进行基金募集。超过六个月开始募集，原注册的事项未发生实质性变化的，应当报国务院证券监督管理机构备案；发生实质性变化的，应当向国务院证券监督管理机构重新提交注册申请。

基金募集不得超过国务院证券监督管理机构准予注册的基金募集期限。基金募集期限自基金份额发售之日起计算。

第五十八条　基金募集期限届满，封闭式基金募集的基金份额总额达到准予注册规模的百分之八十以上，开放式基金募集的基金份额总额超过准予注册的最低募集份额总额，并且基金份额持有人人数符合国务院证券监督管理机构规定的，基金管理人应当自募集期限届满之日起十日内聘请法定验资机构验资，自收到验资报告之日起十日内，向国务院证券监督管理机构提交验资报告，办理基金备案手续，并予以公告。

第五十九条　基金募集期间募集的资金应当存入专门账户，在基金募集行为结束前，任何人不得动用。

第六十条 投资人交纳认购的基金份额的款项时，基金合同成立；基金管理人依照本法第五十八条的规定向国务院证券监督管理机构办理基金备案手续，基金合同生效。

基金募集期限届满，不能满足本法第五十八条规定的条件的，基金管理人应当承担下列责任：

（一）以其固有财产承担因募集行为而产生的债务和费用；

（二）在基金募集期限届满后三十日内返还投资人已交纳的款项，并加计银行同期存款利息。

第六章 公开募集基金的基金份额的交易、申购与赎回

第六十一条 申请基金份额上市交易，基金管理人应当向证券交易所提出申请，证券交易所依法审核同意的，双方应当签订上市协议。

第六十二条 基金份额上市交易，应当符合下列条件：

（一）基金的募集符合本法规定；

（二）基金合同期限为五年以上；

（三）基金募集金额不低于二亿元人民币；

（四）基金份额持有人不少于一千人；

（五）基金份额上市交易规则规定的其他条件。

第六十三条 基金份额上市交易规则由证券交易所制定，报国务院证券监督管理机构批准。

第六十四条 基金份额上市交易后，有下列情形之一的，由证券交易所终止其上市交易，并报国务院证券监督管理机构备案：

（一）不再具备本法第六十二条规定的上市交易条件；

（二）基金合同期限届满；

（三）基金份额持有人大会决定提前终止上市交易；

（四）基金合同约定的或者基金份额上市交易规则规定的终止上市交易的其他情形。

第六十五条 开放式基金的基金份额的申购、赎回、登记，由基金管理人或者其委托的基金服务机构办理。

第六十六条 基金管理人应当在每个工作日办理基金份额的申购、赎回业务；基金合同另有约定的，从其约定。

投资人交付申购款项，申购成立；基金份额登记机构确认基金份额

时，申购生效。

基金份额持有人递交赎回申请，赎回成立；基金份额登记机构确认赎回时，赎回生效。

第六十七条　基金管理人应当按时支付赎回款项，但是下列情形除外：

（一）因不可抗力导致基金管理人不能支付赎回款项；

（二）证券交易场所依法决定临时停市，导致基金管理人无法计算当日基金资产净值；

（三）基金合同约定的其他特殊情形。

发生上述情形之一的，基金管理人应当在当日报国务院证券监督管理机构备案。

本条第一款规定的情形消失后，基金管理人应当及时支付赎回款项。

第六十八条　开放式基金应当保持足够的现金或者政府债券，以备支付基金份额持有人的赎回款项。基金财产中应当保持的现金或者政府债券的具体比例，由国务院证券监督管理机构规定。

第六十九条　基金份额的申购、赎回价格，依据申购、赎回日基金份额净值加、减有关费用计算。

第七十条　基金份额净值计价出现错误时，基金管理人应当立即纠正，并采取合理的措施防止损失进一步扩大。计价错误达到基金份额净值百分之零点五时，基金管理人应当公告，并报国务院证券监督管理机构备案。

因基金份额净值计价错误造成基金份额持有人损失的，基金份额持有人有权要求基金管理人、基金托管人予以赔偿。

第七章　公开募集基金的投资与信息披露

第七十一条　基金管理人运用基金财产进行证券投资，除国务院证券监督管理机构另有规定外，应当采用资产组合的方式。

资产组合的具体方式和投资比例，依照本法和国务院证券监督管理机构的规定在基金合同中约定。

第七十二条　基金财产应当用于下列投资：

（一）上市交易的股票、债券；

（二）国务院证券监督管理机构规定的其他证券及其衍生品种。

第七十三条 基金财产不得用于下列投资或者活动:

(一)承销证券;

(二)违反规定向他人贷款或者提供担保;

(三)从事承担无限责任的投资;

(四)买卖其他基金份额,但是国务院证券监督管理机构另有规定的除外;

(五)向基金管理人、基金托管人出资;

(六)从事内幕交易、操纵证券交易价格及其他不正当的证券交易活动;

(七)法律、行政法规和国务院证券监督管理机构规定禁止的其他活动。

运用基金财产买卖基金管理人、基金托管人及其控股股东、实际控制人或者与其有其他重大利害关系的公司发行的证券或承销期内承销的证券,或者从事其他重大关联交易的,应当遵循基金份额持有人利益优先的原则,防范利益冲突,符合国务院证券监督管理机构的规定,并履行信息披露义务。

第七十四条 基金管理人、基金托管人和其他基金信息披露义务人应当依法披露基金信息,并保证所披露信息的真实性、准确性和完整性。

第七十五条 基金信息披露义务人应当确保应予披露的基金信息在国务院证券监督管理机构规定时间内披露,并保证投资人能够按照基金合同约定的时间和方式查阅或者复制公开披露的信息资料。

第七十六条 公开披露的基金信息包括:

(一)基金招募说明书、基金合同、基金托管协议;

(二)基金募集情况;

(三)基金份额上市交易公告书;

(四)基金资产净值、基金份额净值;

(五)基金份额申购、赎回价格;

(六)基金财产的资产组合季度报告、财务会计报告及中期和年度基金报告;

(七)临时报告;

(八)基金份额持有人大会决议;

（九）基金管理人、基金托管人的专门基金托管部门的重大人事变动；

（十）涉及基金财产、基金管理业务、基金托管业务的诉讼或者仲裁；

（十一）国务院证券监督管理机构规定应予披露的其他信息。

第七十七条　公开披露基金信息，不得有下列行为：

（一）虚假记载、误导性陈述或者重大遗漏；

（二）对证券投资业绩进行预测；

（三）违规承诺收益或者承担损失；

（四）诋毁其他基金管理人、基金托管人或者基金销售机构；

（五）法律、行政法规和国务院证券监督管理机构规定禁止的其他行为。

第八章　公开募集基金的基金合同的变更、终止与基金财产清算

第七十八条　按照基金合同的约定或者基金份额持有人大会的决议，基金可以转换运作方式或者与其他基金合并。

第七十九条　封闭式基金扩募或者延长基金合同期限，应当符合下列条件，并报国务院证券监督管理机构备案：

（一）基金运营业绩良好；

（二）基金管理人最近二年内没有因违法违规行为受到行政处罚或者刑事处罚；

（三）基金份额持有人大会决议通过；

（四）本法规定的其他条件。

第八十条　有下列情形之一的，基金合同终止：

（一）基金合同期限届满而未延期；

（二）基金份额持有人大会决定终止；

（三）基金管理人、基金托管人职责终止，在六个月内没有新基金管理人、新基金托管人承接；

（四）基金合同约定的其他情形。

第八十一条　基金合同终止时，基金管理人应当组织清算组对基金财产进行清算。

清算组由基金管理人、基金托管人以及相关的中介服务机构组成。

清算组作出的清算报告经会计师事务所审计，律师事务所出具法律意见书后，报国务院证券监督管理机构备案并公告。

第八十二条 清算后的剩余基金财产，应当按照基金份额持有人所持份额比例进行分配。

第九章 公开募集基金的基金份额持有人权利行使

第八十三条 基金份额持有人大会由基金管理人召集。基金份额持有人大会设立日常机构的，由该日常机构召集；该日常机构未召集的，由基金管理人召集。基金管理人未按规定召集或者不能召集的，由基金托管人召集。

代表基金份额百分之十以上的基金份额持有人就同一事项要求召开基金份额持有人大会，而基金份额持有人大会的日常机构、基金管理人、基金托管人都不召集的，代表基金份额百分之十以上的基金份额持有人有权自行召集，并报国务院证券监督管理机构备案。

第八十四条 召开基金份额持有人大会，召集人应当至少提前三十日公告基金份额持有人大会的召开时间、会议形式、审议事项、议事程序和表决方式等事项。

基金份额持有人大会不得就未经公告的事项进行表决。

第八十五条 基金份额持有人大会可以采取现场方式召开，也可以采取通讯等方式召开。

每一基金份额具有一票表决权，基金份额持有人可以委托代理人出席基金份额持有人大会并行使表决权。

第八十六条 基金份额持有人大会应当有代表二分之一以上基金份额的持有人参加，方可召开。

参加基金份额持有人大会的持有人的基金份额低于前款规定比例的，召集人可以在原公告的基金份额持有人大会召开时间的三个月以后、六个月以内，就原定审议事项重新召集基金份额持有人大会。重新召集的基金份额持有人大会应当有代表三分之一以上基金份额的持有人参加，方可召开。

基金份额持有人大会就审议事项作出决定，应当经参加大会的基金份额持有人所持表决权的二分之一以上通过；但是，转换基金的运作方式、更换基金管理人或者基金托管人、提前终止基金合同、与其他基金合并，应当经参加大会的基金份额持有人所持表决权的三分之二以上通过。

基金份额持有人大会决定的事项，应当依法报国务院证券监督管理机构备案，并予以公告。

第十章 非公开募集基金

第八十七条 非公开募集基金应当向合格投资者募集，合格投资者累计不得超过二百人。

前款所称合格投资者，是指达到规定资产规模或者收入水平，并且具备相应的风险识别能力和风险承担能力、其基金份额认购金额不低于规定限额的单位和个人。

合格投资者的具体标准由国务院证券监督管理机构规定。

第八十八条 除基金合同另有约定外，非公开募集基金应当由基金托管人托管。

第八十九条 担任非公开募集基金的基金管理人，应当按照规定向基金行业协会履行登记手续，报送基本情况。

第九十条 未经登记，任何单位或者个人不得使用"基金"或者"基金管理"字样或者近似名称进行证券投资活动；但是，法律、行政法规另有规定的除外。

第九十一条 非公开募集基金，不得向合格投资者之外的单位和个人募集资金，不得通过报刊、电台、电视台、互联网等公众传播媒体或者讲座、报告会、分析会等方式向不特定对象宣传推介。

第九十二条 非公开募集基金，应当制定并签订基金合同。基金合同应当包括下列内容：

（一）基金份额持有人、基金管理人、基金托管人的权利、义务；

（二）基金的运作方式；

（三）基金的出资方式、数额和认缴期限；

（四）基金的投资范围、投资策略和投资限制；

（五）基金收益分配原则、执行方式；

（六）基金承担的有关费用；

（七）基金信息提供的内容、方式；

（八）基金份额的认购、赎回或者转让的程序和方式；

（九）基金合同变更、解除和终止的事由、程序；

（十）基金财产清算方式；

（十一）当事人约定的其他事项。

基金份额持有人转让基金份额的，应当符合本法第八十七条、第九十一条的规定。

第九十三条 按照基金合同约定，非公开募集基金可以由部分基金份额持有人作为基金管理人负责基金的投资管理活动，并在基金财产不足以清偿其债务时对基金财产的债务承担无限连带责任。

前款规定的非公开募集基金，其基金合同还应载明：

（一）承担无限连带责任的基金份额持有人和其他基金份额持有人的姓名或者名称、住所；

（二）承担无限连带责任的基金份额持有人的除名条件和更换程序；

（三）基金份额持有人增加、退出的条件、程序以及相关责任；

（四）承担无限连带责任的基金份额持有人和其他基金份额持有人的转换程序。

第九十四条 非公开募集基金募集完毕，基金管理人应当向基金行业协会备案。对募集的资金总额或者基金份额持有人的人数达到规定标准的基金，基金行业协会应当向国务院证券监督管理机构报告。

非公开募集基金财产的证券投资，包括买卖公开发行的股份有限公司股票、债券、基金份额，以及国务院证券监督管理机构规定的其他证券及其衍生品种。

第九十五条 基金管理人、基金托管人应当按照基金合同的约定，向基金份额持有人提供基金信息。

第九十六条 专门从事非公开募集基金管理业务的基金管理人，其股东、高级管理人员、经营期限、管理的基金资产规模等符合规定条件的，经国务院证券监督管理机构核准，可以从事公开募集基金管理业务。

第十一章 基金服务机构

第九十七条 从事公开募集基金的销售、销售支付、份额登记、估值、投资顾问、评价、信息技术系统服务等基金服务业务的机构，应当按照国务院证券监督管理机构的规定进行注册或者备案。

第九十八条 基金销售机构应当向投资人充分揭示投资风险，并根据投资人的风险承担能力销售不同风险等级的基金产品。

第九十九条 基金销售支付机构应当按照规定办理基金销售结算资金的划付，确保基金销售结算资金安全、及时划付。

第一百条 基金销售结算资金、基金份额独立于基金销售机构、基金销售支付机构或者基金份额登记机构的自有财产。基金销售机构、基金销售支付机构或者基金份额登记机构破产或者清算时，基金销售结算资金、基金份额不属于其破产财产或者清算财产。非因投资人本身的债务或者法律规定的其他情形，不得查封、冻结、扣划或者强制执行基金销售结算资金、基金份额。

基金销售机构、基金销售支付机构、基金份额登记机构应当确保基金销售结算资金、基金份额的安全、独立，禁止任何单位或者个人以任何形式挪用基金销售结算资金、基金份额。

第一百零一条 基金管理人可以委托基金服务机构代为办理基金的份额登记、核算、估值、投资顾问等事项，基金托管人可以委托基金服务机构代为办理基金的核算、估值、复核等事项，但基金管理人、基金托管人依法应当承担的责任不因委托而免除。

第一百零二条 基金份额登记机构以电子介质登记的数据，是基金份额持有人权利归属的根据。基金份额持有人以基金份额出质的，质权自基金份额登记机构办理出质登记时设立。

基金份额登记机构应当妥善保存登记数据，并将基金份额持有人名称、身份信息及基金份额明细等数据备份至国务院证券监督管理机构认定的机构。其保存期限自基金账户销户之日起不得少于二十年。

基金份额登记机构应当保证登记数据的真实、准确、完整，不得隐匿、伪造、篡改或者毁损。

第一百零三条 基金投资顾问机构及其从业人员提供基金投资顾问服务，应当具有合理的依据，对其服务能力和经营业绩进行如实陈述，不得以任何方式承诺或者保证投资收益，不得损害服务对象的合法权益。

第一百零四条 基金评价机构及其从业人员应当客观公正，按照依法制定的业务规则开展基金评价业务，禁止误导投资人，防范可能发生的利益冲突。

第一百零五条 基金管理人、基金托管人、基金服务机构的信息技术系统，应当符合规定的要求。国务院证券监督管理机构可以要求信息技术系统服务机构提供该信息技术系统的相关资料。

第一百零六条 律师事务所、会计师事务所接受基金管理人、基金托管人的委托，为有关基金业务活动出具法律意见书、审计报告、内部控制评价报告等文件，应当勤勉尽责，对所依据的文件资料内容的真实性、准确性、完整性进行核查和验证。其制作、出具的文件有虚假记载、误导性陈述或者重大遗漏，给他人财产造成损失的，应当与委托人承担连带赔偿责任。

第一百零七条　基金服务机构应当勤勉尽责、恪尽职守，建立应急等风险管理制度和灾难备份系统，不得泄露与基金份额持有人、基金投资运作相关的非公开信息。

第十二章　基金行业协会

第一百零八条　基金行业协会是证券投资基金行业的自律性组织，是社会团体法人。

基金管理人、基金托管人应当加入基金行业协会，基金服务机构可以加入基金行业协会。

第一百零九条　基金行业协会的权力机构为全体会员组成的会员大会。

基金行业协会设理事会。理事会成员依章程的规定由选举产生。

第一百一十条　基金行业协会章程由会员大会制定，并报国务院证券监督管理机构备案。

第一百一十一条　基金行业协会履行下列职责：

（一）教育和组织会员遵守有关证券投资的法律、行政法规，维护投资人合法权益；

（二）依法维护会员的合法权益，反映会员的建议和要求；

（三）制定和实施行业自律规则，监督、检查会员及其从业人员的执业行为，对违反自律规则和协会章程的，按照规定给予纪律处分；

（四）制定行业执业标准和业务规范，组织基金从业人员的从业考试、资质管理和业务培训；

（五）提供会员服务，组织行业交流，推动行业创新，开展行业宣传和投资人教育活动；

（六）对会员之间、会员与客户之间发生的基金业务纠纷进行调解；

（七）依法办理非公开募集基金的登记、备案；

（八）协会章程规定的其他职责。

第十三章　监督管理

第一百一十二条　国务院证券监督管理机构依法履行下列职责：

（一）制定有关证券投资基金活动监督管理的规章、规则，并行使审批、核准或者注册权；

（二）办理基金备案；

（三）对基金管理人、基金托管人及其他机构从事证券投资基金活动进行监督管理，对违法行为进行查处，并予以公告；

（四）制定基金从业人员的资格标准和行为准则，并监督实施；

（五）监督检查基金信息的披露情况；

（六）指导和监督基金行业协会的活动；

（七）法律、行政法规规定的其他职责。

第一百一十三条　国务院证券监督管理机构依法履行职责，有权采取下列措施：

（一）对基金管理人、基金托管人、基金服务机构进行现场检查，并要求其报送有关的业务资料；

（二）进入涉嫌违法行为发生场所调查取证；

（三）询问当事人和与被调查事件有关的单位和个人，要求其对与被调查事件有关的事项作出说明；

（四）查阅、复制与被调查事件有关的财产权登记、通讯记录等资料；

（五）查阅、复制当事人和与被调查事件有关的单位和个人的证券交易记录、登记过户记录、财务会计资料及其他相关文件和资料；对可能被转移、隐匿或者毁损的文件和资料，可以予以封存；

（六）查询当事人和与被调查事件有关的单位和个人的资金账户、证券账户和银行账户；对有证据证明已经或者可能转移或者隐匿违法资金、证券等涉案财产或者隐匿、伪造、毁损重要证据的，经国务院证券监督管理机构主要负责人批准，可以冻结或者查封；

（七）在调查操纵证券市场、内幕交易等重大证券违法行为时，经国务院证券监督管理机构主要负责人批准，可以限制被调查事件当事人的证券买卖，但限制的期限不得超过十五个交易日；案情复杂的，可以延长十五个交易日。

第一百一十四条　国务院证券监督管理机构工作人员依法履行职责，

进行调查或者检查时，不得少于二人，并应当出示合法证件；对调查或者检查中知悉的商业秘密负有保密的义务。

第一百一十五条 国务院证券监督管理机构工作人员应当忠于职守，依法办事，公正廉洁，接受监督，不得利用职务牟取私利。

第一百一十六条 国务院证券监督管理机构依法履行职责时，被调查、检查的单位和个人应当配合，如实提供有关文件和资料，不得拒绝、阻碍和隐瞒。

第一百一十七条 国务院证券监督管理机构依法履行职责，发现违法行为涉嫌犯罪的，应当将案件移送司法机关处理。

第一百一十八条 国务院证券监督管理机构工作人员在任职期间，或者离职后在《中华人民共和国公务员法》规定的期限内，不得在被监管的机构中担任职务。

第十四章 法律责任

第一百一十九条 违反本法规定，未经批准擅自设立基金管理公司或者未经核准从事公开募集基金管理业务的，由证券监督管理机构予以取缔或者责令改正，没收违法所得，并处违法所得一倍以上五倍以下罚款；没有违法所得或者违法所得不足一百万元的，并处十万元以上一百万元以下罚款。对直接负责的主管人员和其他直接责任人员给予警告，并处三万元以上三十万元以下罚款。

基金管理公司违反本法规定，擅自变更持有百分之五以上股权的股东、实际控制人或者其他重大事项的，责令改正，没收违法所得，并处违法所得一倍以上五倍以下罚款；没有违法所得或者违法所得不足五十万元的，并处五万元以上五十万元以下罚款。对直接负责的主管人员给予警告，并处三万元以上十万元以下罚款。

第一百二十条 基金管理人的董事、监事、高级管理人员和其他从业人员，基金托管人的专门基金托管部门的高级管理人员和其他从业人员，未按照本法第十七条第一款规定申报的，责令改正，处三万元以上十万元以下罚款。

基金管理人、基金托管人违反本法第十七条第二款规定的，责令改正，处十万元以上一百万元以下罚款；对直接负责的主管人员和其他直接责任人员给予警告，暂停或者撤销基金从业资格，并处三万元以上三十万元以下罚款。

第一百二十一条　基金管理人的董事、监事、高级管理人员和其他从业人员，基金托管人的专门基金托管部门的高级管理人员和其他从业人员违反本法第十八条规定的，责令改正，没收违法所得，并处违法所得一倍以上五倍以下罚款；没有违法所得或者违法所得不足一百万元的，并处十万元以上一百万元以下罚款；情节严重的，撤销基金从业资格。

第一百二十二条　基金管理人、基金托管人违反本法规定，未对基金财产实行分别管理或者分账保管，责令改正，处五万元以上五十万元以下罚款；对直接负责的主管人员和其他直接责任人员给予警告，暂停或者撤销基金从业资格，并处三万元以上三十万元以下罚款。

第一百二十三条　基金管理人、基金托管人及其董事、监事、高级管理人员和其他从业人员有本法第二十条所列行为之一的，责令改正，没收违法所得，并处违法所得一倍以上五倍以下罚款；没有违法所得或者违法所得不足一百万元的，并处十万元以上一百万元以下罚款；基金管理人、基金托管人有上述行为的，还应当对其直接负责的主管人员和其他直接责任人员给予警告，暂停或者撤销基金从业资格，并处三万元以上三十万元以下罚款。

基金管理人、基金托管人及其董事、监事、高级管理人员和其他从业人员侵占、挪用基金财产而取得的财产和收益，归入基金财产。但是，法律、行政法规另有规定的，依照其规定。

第一百二十四条　基金管理人的股东、实际控制人违反本法第二十三条规定的，责令改正，没收违法所得，并处违法所得一倍以上五倍以下罚款；没有违法所得或者违法所得不足一百万元的，并处十万元以上一百万元以下罚款；对直接负责的主管人员和其他直接责任人员给予警告，暂停或者撤销基金或证券从业资格，并处三万元以上三十万元以下罚款。

第一百二十五条　未经核准，擅自从事基金托管业务的，责令停止，没收违法所得，并处违法所得一倍以上五倍以下罚款；没有违法所得或者违法所得不足一百万元的，并处十万元以上一百万元以下罚款；对直接负责的主管人员和其他直接责任人员给予警告，并处三万元以上三十万元以下罚款。

第一百二十六条　基金管理人、基金托管人违反本法规定，相互出资或者持有股份的，责令改正，可以处十万元以下罚款。

第一百二十七条　违反本法规定，擅自公开或者变相公开募集基金的，责令停止，返还所募资金和加计的银行同期存款利息，没收违法所得，并处所募资金金额百分之一以上百分之五以下罚款。对直接负责的主管人员和其他直接责任人员给予警告，并处五万元以上五十万元以下罚款。

第一百二十八条　违反本法第五十九条规定，动用募集的资金的，责令返还，没收违法所得，并处违法所得一倍以上五倍以下罚款；没有违法所得或者违法所得不足五十万元的，并处五万元以上五十万元以下罚款；对直接负责的主管人员和其他直接责任人员给予警告，并处三万元以上三十万元以下罚款。

第一百二十九条　基金管理人、基金托管人有本法第七十三条第一款第一项至第五项和第七项所列行为之一，或者违反本法第七十三条第二款规定的，责令改正，处十万元以上一百万元以下罚款；对直接负责的主管人员和其他直接责任人员给予警告，暂停或者撤销基金从业资格，并处三万元以上三十万元以下罚款。

基金管理人、基金托管人有前款行为，运用基金财产而取得的财产和收益，归入基金财产。但是，法律、行政法规另有规定的，依照其规定。

第一百三十条　基金管理人、基金托管人有本法第七十三条第一款第六项规定行为的，除依照《中华人民共和国证券法》的有关规定处罚外，对直接负责的主管人员和其他直接责任人员暂停或者撤销基金从业资格。

第一百三十一条　基金信息披露义务人不依法披露基金信息或者披露的信息有虚假记载、误导性陈述或者重大遗漏的，责令改正，没收违法所得，并处十万元以上一百万元以下罚款；对直接负责的主管人员和其他直接责任人员给予警告，暂停或者撤销基金从业资格，并处三万元以上三十万元以下罚款。

第一百三十二条　基金管理人或者基金托管人不按照规定召集基金份额持有人大会的，责令改正，可以处五万元以下罚款；对直接负责的主管人员和其他直接责任人员给予警告，暂停或者撤销基金从业资格。

第一百三十三条　违反本法规定，未经登记，使用"基金"或者"基金管理"字样或者近似名称进行证券投资活动的，没收违法所得，并处违法所得一倍以上五倍以下罚款；没有违法所得或者违法所得不足一百万元的，并处十万元以上一百万元以下罚款。对直接负责的主管人员和其他直接责任人员给予警告，并处三万元以上三十万元以下罚款。

第一百三十四条　违反本法规定，非公开募集基金募集完毕，基金管理人未备案的，处十万元以上三十万元以下罚款。对直接负责的主管人员和其他直接责任人员给予警告，并处三万元以上十万元以下罚款。

第一百三十五条　违反本法规定，向合格投资者之外的单位或者个人非公开募集资金或者转让基金份额的，没收违法所得，并处违法所得一倍以上五倍以下罚款；没有违法所得或者违法所得不足一百万元的，并处十万元以上一百万元以下罚款。对直接负责的主管人员和其他直接责任人员给予警告，并处三万元以上三十万元以下罚款。

第一百三十六条　违反本法规定，擅自从事公开募集基金的基金服务业务的，责令改正，没收违法所得，并处违法所得一倍以上五倍以下罚款；没有违法所得或者违法所得不足三十万元的，并处十万元以上三十万元以下罚款。对直接负责的主管人员和其他直接责任人员给予警告，并处三万元以上十万元以下罚款。

第一百三十七条　基金销售机构未向投资人充分揭示投资风险并误导其购买与其风险承担能力不相当的基金产品的，处十万元以上三十万元以下罚款；情节严重的，责令其停止基金服务业务。对直接负责的主管人员和其他直接责任人员给予警告，撤销基金从业资格，并处三万元以上十万元以下罚款。

第一百三十八条　基金销售支付机构未按照规定划付基金销售结算资金的，处十万元以上三十万元以下罚款；情节严重的，责令其停止基金服务业务。对直接负责的主管人员和其他直接责任人员给予警告，撤销基金从业资格，并处三万元以上十万元以下罚款。

第一百三十九条　挪用基金销售结算资金或者基金份额的，责令改正，没收违法所得，并处违法所得一倍以上五倍以下罚款；没有违法所得或者违法所得不足一百万元的，并处十万元以上一百万元以下罚款。对直接负责的主管人员和其他直接责任人员给予警告，并处三万元以上三十万元以下罚款。

第一百四十条　基金份额登记机构未妥善保存或者备份基金份额登记

数据的，责令改正，给予警告，并处十万元以上三十万元以下罚款；情节严重的，责令其停止基金服务业务。对直接负责的主管人员和其他直接责任人员给予警告，撤销基金从业资格，并处三万元以上十万元以下罚款。

基金份额登记机构隐匿、伪造、篡改、毁损基金份额登记数据的，责令改正，处十万元以上一百万元以下罚款，并责令其停止基金服务业务。对直接负责的主管人员和其他直接责任人员给予警告，撤销基金从业资格，并处三万元以上三十万元以下罚款。

第一百四十一条　基金投资顾问机构、基金评价机构及其从业人员违反本法规定开展投资顾问、基金评价服务的，处十万元以上三十万元以下罚款；情节严重的，责令其停止基金服务业务。对直接负责的主管人员和其他直接责任人员给予警告，撤销基金从业资格，并处三万元以上十万元以下罚款。

第一百四十二条　信息技术系统服务机构未按照规定向国务院证券监督管理机构提供相关信息技术系统资料，或者提供的信息技术系统资料虚假、有重大遗漏的，责令改正，处三万元以上十万元以下罚款。对直接负责的主管人员和其他直接责任人员给予警告，并处一万元以上三万元以下罚款。

第一百四十三条　会计师事务所、律师事务所未勤勉尽责，所出具的文件有虚假记载、误导性陈述或者重大遗漏的，责令改正，没收业务收入，暂停或者撤销相关业务许可，并处业务收入一倍以上五倍以下罚款。对直接负责的主管人员和其他直接责任人员给予警告，并处三万元以上十万元以下罚款。

第一百四十四条　基金服务机构未建立应急等风险管理制度和灾难备份系统，或者泄露与基金份额持有人、基金投资运作相关的非公开信息的，处十万元以上三十万元以下罚款；情节严重的，责令其停止基金服务业务。对直接负责的主管人员和其他直接责任人员给予警告，撤销基金从业资格，并处三万元以上十万元以下罚款。

第一百四十五条　违反本法规定，给基金财产、基金份额持有人或者投资人造成损害的，依法承担赔偿责任。

基金管理人、基金托管人在履行各自职责的过程中，违反本法规定或者基金合同约定，给基金财产或者基金份额持有人造成损害的，应当分别对各自的行为依法承担赔偿责任；因共同行为给基金财产或者基金份额持有人造成损害的，应当承担连带赔偿责任。

第一百四十六条　证券监督管理机构工作人员玩忽职守、滥用职权、徇私舞弊或者利用职务上的便利索取或者收受他人财物的，依法给予行政处分。

第一百四十七条　拒绝、阻碍证券监督管理机构及其工作人员依法行使监督检查、调查职权未使用暴力、威胁方法的，依法给予治安管理处罚。

第一百四十八条　违反法律、行政法规或者国务院证券监督管理机构的有关规定，情节严重的，国务院证券监督管理机构可以对有关责任人员采取证券市场禁入的措施。

第一百四十九条　违反本法规定，构成犯罪的，依法追究刑事责任。

第一百五十条　违反本法规定，应当承担民事赔偿责任和缴纳罚款、罚金，其财产不足以同时支付时，先承担民事赔偿责任。

第一百五十一条　依照本法规定，基金管理人、基金托管人、基金服务机构应当承担的民事赔偿责任和缴纳的罚款、罚金，由基金管理人、基金托管人、基金服务机构以其固有财产承担。

依法收缴的罚款、罚金和没收的违法所得，应当全部上缴国库。

第十五章　附则

第一百五十二条　在中华人民共和国境内募集投资境外证券的基金，以及合格境外投资者在境内进行证券投资，应当经国务院证券监督管理机构批准，具体办法由国务院证券监督管理机构会同国务院有关部门规定，报国务院批准。

第一百五十三条　公开或者非公开募集资金，以进行证券投资活动为目的设立的公司或者合伙企业，资产由基金管理人或者普通合伙人管理的，其证券投资活动适用本法。

第一百五十四条　本法自 2013 年 6 月 1 日起施行。

①原第十七条根据 2015 年 4 月 24 日第十二届全国人民代表大会常务委员会第十四次会议《关于修改〈中华人民共和国港口法〉等七部法律的决定》删除。原第十七条规定："公开募集基金的基金管理人的法定代表

人、经营管理主要负责人和从事合规监管的负责人的选任或者改任，应当报经国务院证券监督管理机构依照本法和其他有关法律、行政法规规定的任职条件进行审核。"

图书在版编目（CIP）数据

中国证券基金的投资潮涌研究 / 杜威望著. --北京：
社会科学文献出版社，2023.3（2024.8 重印）

（海西求是文库）

ISBN 978-7-5228-1450-6

Ⅰ.①中… Ⅱ.①杜… Ⅲ.①证券投资-投资基金-
研究-中国 Ⅳ.①F832.51

中国国家版本馆 CIP 数据核字（2023）第 031758 号

·海西求是文库·

中国证券基金的投资潮涌研究

著　者／杜威望

出版人／冀祥德
责任编辑／黄金平
文稿编辑／赵亚汝
责任印制／王京美

出　　版／社会科学文献出版社·文化传媒分社（010）59367004
　　　　　地址：北京市北三环中路甲 29 号院华龙大厦　邮编：100029
　　　　　网址：www.ssap.com.cn
发　　行／社会科学文献出版社（010）59367028
印　　装／唐山玺诚印务有限公司

规　　格／开　本：787mm×1092mm　1/16
　　　　　印　张：13　字　数：214千字
版　　次／2023 年 3 月第 1 版　2024 年 8 月第 2 次印刷
书　　号／ISBN 978-7-5228-1450-6
定　　价／89.00 元

读者服务电话：4008918866